南京理工大学外国语学院 | 博 雅 文 丛

杨 蔚 赵熠玮 | 总 主 编

反语韵律的实验语音学研究

李善鹏 著

浙江工商大学出版社 | 杭州
ZHEJIANG GONGSHANG UNIVERSITY PRESS

图书在版编目（CIP）数据

反语韵律的实验语音学研究／李善鹏著. -- 杭州：
浙江工商大学出版社，2024.12. -- ISBN 978-7-5178
-6208-6

Ⅰ. H017

中国国家版本馆 CIP 数据核字第 2024Q9T860 号

反语韵律的实验语音学研究
FANYU YUNLÜ DE SHIYAN YUYINXUE YANJIU

李善鹏 著

策划编辑	姚 嫒
责任编辑	鲁燕青
责任校对	李远东
封面设计	望宸文化
责任印制	祝希茜
出版发行	浙江工商大学出版社
	（杭州市教工路 198 号 邮政编码 310012）
	（E-mail:zjgsupress@163.com）
	（网址:http://www.zjgsupress.com）
	电话:0571-88904980,88831806（传真）
排　版	杭州朝曦图文设计有限公司
印　刷	杭州高腾印务有限公司
开　本	710mm×1000mm　1/16
印　张	13.5
字　数	225 千
版印次	2024 年 12 月第 1 版　2024 年 12 月第 1 次印刷
书　号	ISBN 978-7-5178-6208-6
定　价	58.00 元

前　言

反语作为一种非字面理解的言语行为,是日常交际中必不可少的表达方式。在汉语口语中,反语的使用频率非常高,但相对于其他语言中对反语的研究,无论从研究深度还是研究广度上看,汉语反语的语言学研究十分匮乏,语音学角度的研究更是凤毛麟角。

一般来说,反语的表达和理解,往往是字面语义、语境、声学特征三者综合作用的结果。相较于字面语义和语境这 2 种要素而言,声学特征,尤其是超音段的韵律特征在反语中的作用还较少受到关注。本书选取 2 种最常见的反语类型(反语讽刺和反语调侃),系统考察韵律在反语表达和理解中的作用。

结合前人的研究基础,本书将韵律的作用分解为 3 个研究子问题:(1)反语的语音形式是否存在区别性韵律声学特征;(2)听音人在识别反语时是否依靠区别性韵律声学特征;(3)存在语境时,韵律线索的有无,是否会影响反语理解的实时加工过程。为了解决这 3 个问题,本书分别对应设计了声学分析实验、听觉感知实验和脑电实验。3 个实验围绕韵律在反语中的作用这一主题,相互关联、层层递进。

声学分析实验提取了反语句的基频、时长、音强和嗓音等四维 14 个韵律声学参数。通过分析发现,相对于真诚表达,反语讽刺具有更低的基频均值、更小的基频离散程度和范围、更慢的语速、更低的音强均值、更大的音强离散程度和范围,以及更加嘎裂(即"紧喉")的嗓音发声类型。另外,反语讽刺的韵律声学特征不受发音人性别的影响,也不受位置(关键词位置或非关键词位置)的影响,而反语调侃的韵律声学特征则会受到发音人性别和位置因素的影响。就基频来讲,男性发音人表达的反语调侃,其基频均值更高,基频离散度和范围也会更大,而女性发音人表达的反语调侃,其基频均值更低,基频离散度和范围也会更小。另外,无论男、女发音人,其表达的反语调侃均具有更慢的语速、更低的音强均值、更小的音强离散度和范围,以及更加气化的嗓音发声类型。同时分析还发现,男性发音人的声学差异的效应量大于女性发音人,且关键词位置的声学差异的效应量高于非关键词位置。

声学分析实验还通过随机森林(Random Forest,RF)算法验证这些韵律声学参数在反语识别时的作用。结果发现:(1)无论参数提取自关键词位置还是非关键词位置,本书提取的 14 个韵律声学参数,可以很好地用于反语讽刺和反语调侃的分类辨别;(2)关键词位置的韵律声学参数在反语讽刺辨识中的效果比非关键词位置的更好,但非关键词位置的韵律声学参数在反语调侃辨识中的效果比关键词位置的更好;(3)常规韵律声学参数在反语讽刺辨识中的贡献更大,而嗓音参数在反语调侃辨识中的贡献更大。

声学分析上具有显著差异的韵律参数可被用于语音识别和语音合成等领域,但在人的感知中是否发挥作用,需要通过参数调整的听觉感知实验来解决。本书基于参数调整的听觉感知实验先修改真诚表达句的基频曲线、音强曲线和时长这3 个维度的参数,通过听辨感知实验,考察这些参数的改变是否能引起反语辨识结果的变化。首先,对于真诚赞扬句,当时长逐步拉长时,反语讽刺的辨识率会逐步提高,且平均可高达 77.957% ,当基频曲线逐步降低时,反语讽刺的辨识率也会逐步提高,可以达到 33.118% ,而当音强曲线逐步降低时,只能达到 16.022% 的反语辨识率。这说明听者对反语讽刺的辨识主要依靠时长变长、语速变慢等线索。而仅依靠基频或音强线索,不能很好地实现反语辨识。其次,对于真诚批评句,就基频曲线修改而言,当男性发音人的基频曲线逐步提高时,反语调侃的辨识率也会逐步提高,平均最高达 32.346% ,而当女性发音人的基频曲线逐步降低时,反语调侃的辨识率可逐步到达 28.148% 。但是,修改时长和音强曲线后,只能达到26.420%和24.938%的反语辨识率。这表明听者对反语调侃的辨识不能单独依靠时长、基频或音强等韵律线索,而可能还需要结合嗓音特征等线索。

通过声学分析和听觉感知实验确认存在的韵律特征,在反语的识别中发挥作用,但其在反语理解过程中的作用还不得而知。脑电实验则通过控制反语讽刺表达时目标句使用的韵律类型(反语韵律或中性韵律),考察提供韵律线索和不提供韵律线索这 2 种实验条件是否会影响反语理解的认知加工过程。具有反语韵律的目标句符合前置语境营造的预期,而使用中性韵律的目标句则违反了此预期。脑电实验结果表明,在违反预期的中性韵律条件下,听者理解反语时会因违反预期而在 200ms 左右诱发早期正成分,在 600ms 左右诱发晚期正成分。这表明,在存在语境的前提下,韵律线索的有无仍然会影响反语理解的实时加工过程,韵律缺失会增加反语理解的难度,这为韵律在反语理解中发挥作用提供了认知神经学的证据。

　　本书是在本人博士论文的基础上编写而成,旨在以实验语音学的视角对汉语反语话语进行深入而系统的实证研究。在这一探索过程中,本书尝试将语音声学分析、心理行为感知和神经认知 3 种实验技术相结合,力求系统地揭示韵律在汉语反语的表达和理解中的作用。希望本书能为实验语言学领域的读者提供一些帮助。由于个人能力有限,本书难免存在不足之处,欢迎广大读者批评指正。

目　录

1

绪论

1.1　研究背景

语言是人类相互沟通、开展交际的重要工具之一,在使用和理解中具有很复杂的认知过程。而非字面语言(non-literal language)则具有比字面表达更加复杂的加工机制。非字面语言,又称"比喻性语言"(figurative language),是指使用偏离本来含义、字面义或惯常义的语言,表达更复杂、更突出的意思的语言形式。非字面语言一般包含隐喻、反语、幽默、夸张、谚语、习语等语言形式(Rapp et al.,2011;王小潞、郭晓群,2016)。不同形式的非字面语言在日常生活中承担着重要作用,可以促进日常交际的生动性和多样化。其中,反语(irony)在非字面语言中是最复杂的一类(廖小根、姜孟,2019)。

反语在中国人的日常生活中的使用频率很高。在不同场景的汉语对话中,反语出现的频率为13%—18%,而在同样场景的日语对话中,反语出现的频率仅为3%左右(高晓璇,2014;张珮琳,2017)。值得提及的是,反语在汉语中的流行程度也比在英语中的流行程度高。例如,Tannen(1984)通过统计6对熟人间的对话,发现反语出现的频率在6%—11%。在约20年后的另一项类似的研究中,Gibbs(2000)统计了62对熟人间的对话,发现反语出现的频率大约为8%。另外,Whalen et al.(2009)研究105名被试给亲朋好友书写的电子邮件时发现,英语书面形式的反语使用频率约为7.4%。然而,汉语中对这一使用频繁的表达方式的研究还不充分,语音学角度的研究更是接近空白。

过去一段时间,研究者从结构简易、语料获得容易、可控性强等角度考虑,以隐喻、惯用语为例对汉语比喻性语言进行了研究(马利军、张积家,2010)。随着对汉语比喻性语言研究的深入,反语因日常交际中的频繁使用和认知加工机制的复杂程度,受到越来越多的学者的关注(黄彬瑶,2015)。但大部分的研究都集中在反语的文本形式,而反语使用最便捷、最直接的形式是口语。因此,对反语口语表达进行研究,对语用学、认知语言学、心理语言学、语音工程等领域来说十分有必要。

1.1.1 反语

1.1.1.1 反语的定义

开展反语研究之前,需要明确反语的定义。对“反语”这个术语,中外学界均有定义。汉语“反语”一词,在《汉语大词典》中有2个义项:(1)反切;(2)修辞格之一,用与本意相反的话语来表达本意。而本书对反语的研究就是把它作为一种修辞格。这种义项的使用,最早可以追溯至宋代。宋代袁褧、袁颐所著的《枫窗小牍》是一本专门记录汴京见闻和临安杂事等逸闻趣事的书。该书最早使用了“反语”这一术语(见图1-1)。

宣和中有反语云:“寇莱公之知人则哲,王子明之将顺其美,包孝肃之饮人以和,王介甫之不言所利。”此皆贤者之过,人皆得而见之者也。

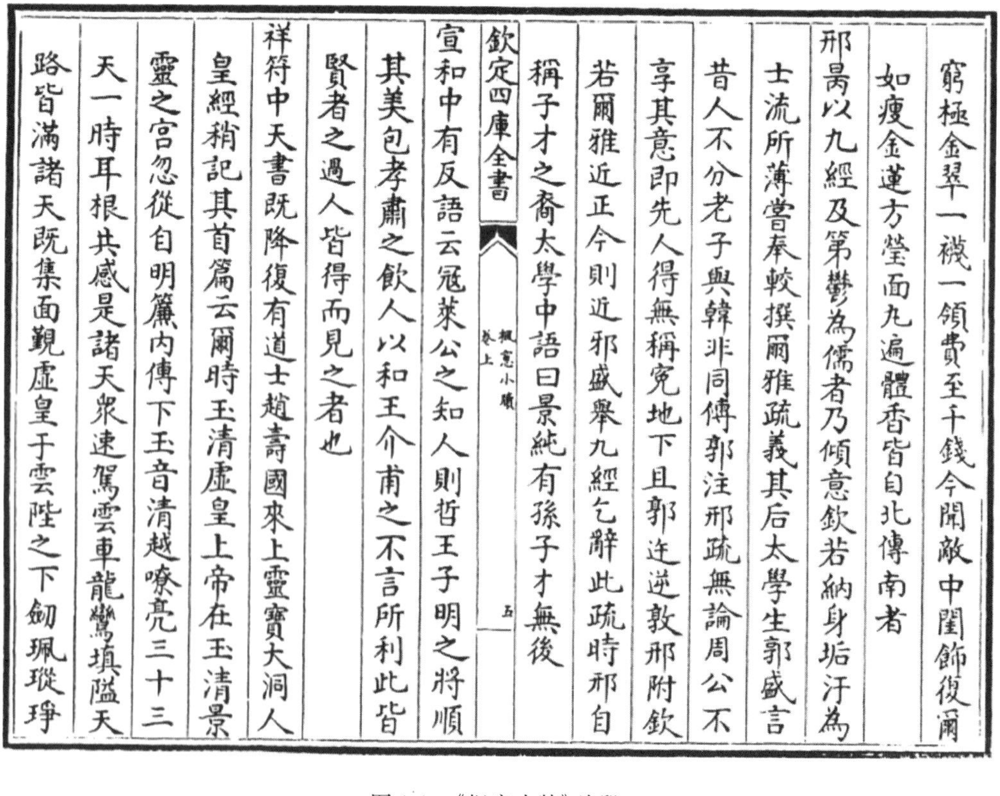
窮極金翠一襪一領貴至千錢今閑敵中闈飾復爾
如瘦金蓮方瑩面丸遍體香皆自北傳南者
邢昺以九經及第鬱為儒者乃傾意欽若納身垢汙為
士流所薄嘗奉較撰爾雅疏義其后太學生郭盛言
昔人不分老子與韓非同傳郭注邢疏無論周公不
享其意即先人得無稱冤地下且郭迺逆敦邢附欽
若爾雅近正今則近邪盛舉九經乞辭此疏時邢自
稱子才之裔太學中語曰景純有孫子才無後
欽定四庫全書 楓窗小牘 卷上 五
宣和中有反語云寇萊公之知人則哲王子明之將順
其美包孝肅之飲人以和王介甫之不言所利此皆
賢者之過人皆得而見之者也
祥符中天書既降復有道士趙壽國來上靈寶大洞人
皇經稍記其首篇云爾時玉清虛皇上帝在玉清景
靈之宮忽從自明簾內傳下玉音清越嘹亮三十三
天一時耳根共感是諸天衆速駕雲車龍鸞塡隘天
路皆滿諸天既集面覲虛皇于雲陛之下劒珮瑽琤

图1-1 《枫窗小牍》片段

寇莱公、王子明、包孝肃、王介甫均是宣和年间的贤能之人,但他们分别有缺点:寇莱公(寇准)不会识人;王子明(王旦)经常不会成人之美;包孝肃(包拯)"为官严毅不恕,朝列有过,必须弹击",过于刚正不阿;王介甫(王安石)常常提及自己的功劳。因此,当时用"知人则哲""将顺其美""饮人以和""不言所利"这4个成语来形容这4位宋代名人,是作反语之意。由此可见,汉语中的"反语"最早意指说反话。

而西方关于反语的术语要追溯到古希腊戏剧。这个术语来源于希腊戏剧中一个小丑角色,名叫艾龙(εi ρωνεíα,eirōneía),这个角色凭借智慧和计谋,多次赢了爱吹牛的对手 Alazon。在西方术语中,反语一词的内涵要比汉语中的内涵广得多。在《新普林斯顿诗歌与诗学百科全书》(*The New Princeton Encyclopedia of Poetry and Poetics*)中,反语被分为 4 种:(1)苏格拉底式反语(Socratic irony),即用提问题的方式,来凸显对方的无知;(2)命运反语(irony of fate),原义为上帝(或众神)以故意说反话的形式玩弄凡人而自娱;(3)戏剧性反语(dramatic irony),是一种通过读者或观众了解某种信息,而当事人假装不知的文学形式;(4)言语反语(verbal irony),是指一方用说或写的内容来表达与之不同或相反的含义的修辞手段(Kreuz & Roberts,1993)。其中言语反语,正是和汉语的"反语"作为修辞格的义项相对应的含义。

Regel(2009)认为反语是跨学科的概念,包含哲学、修辞学、文学和语言学等。在哲学上,反语被认为是一种人通过相反方法达到自由的存在观。在修辞学上,"反语"常用来指称一种通过假装、嘲笑、滑稽等方式获得知识的特殊修辞方法。在文学范畴上,尤其是浪漫主义文学,反语被认为是一种摧毁幻想的哲学和存在主义观念。而在语言学领域,反语是一种表达和字面意思相反,或者至少是不同的含义的语言形式(Stojanoviĉ,1991),这正是本书所关注的领域。

1.1.1.2 反语的分类

本书研究的反语,即言语反语,是指一种与说话者使用的意义和字面表达的意义截然相反的陈述。反语陈述一般包含一种态度或评价的显性表达,但结合语境理解时,该态度往往和显性表达不同或相反(Abrams & Harpham,2009)。

通过分析大量的语料,Gibbs(2000)根据字面意思和真实意图的关系,将反语分为如下5类:

（1）滑稽：说话者以幽默的形式相互调侃。

（2）反讽：说话者用字面意思积极的句子表达消极的意思。

（3）反问：说话者字面上提出的问题暗含着幽默或批评的主张。

（4）夸张：说话者通过夸大事实来表达他们的非字面意思。

（5）轻描淡写：说话者用比实际情况明显少得多的陈述来传达他们的讽刺信息。

但 Wilson（2013）对 Gibbs（2000）的分类持不同意见，他认为反语应具有 3 个特征：（1）反语应该包含一种态度；（2）反语应该偏向一个社会常规惯例；（3）反语应该具有特殊的语调或口吻。Wilson（2013）通过梳理反语的发展实验认为，滑稽、反问、夸张、轻描淡写这 4 类并没有反语的特征，这是离题的、散漫的分类。

而 Leggitt & Gibbs（2000）在研究中把反语分为 6 种类型：说反话、反讽、夸张、轻描淡写、讽刺和反问。其中"说反话"的定义为"说话者表达和事件相反的陈述，但不直接批评听话者"。"讽刺"的定义为"一种看似是支持听话者，但说话者实际上不支持，并且嘲弄听话者的陈述"。其余 4 类的定义和 Gibbs（2000）的定义大致相同。这 6 种反语类型的示例如下（Leggitt & Gibbs，2000）：

你和一群好朋友去看电影。除了你之外，其他人都想看同一个电影。而你告诉他们，如果他们不看你想看的电影，你就要离开。詹妮弗发现你不打算改变你的想法，便对你说：

（1）我们总是一起行动的。（说反话）

（2）你真是很成熟。（反讽）

（3）这真是世界末日。（夸张）

（4）你有一点点傻。（轻描淡写）

（5）你应该去看动画片。（讽刺）

（6）你知道如何妥协吗？（反问）

Dews & Winner（1995）根据交际目的把言语反语分为 2 类：反语讽刺和反语调侃。他把反语讽刺定义为用正面积极的字面话语表达负面消极的态度，也就是正话反说；反语调侃就是用负面消极的字面话语表达正面积极的态度。

本书认为，对反语进行分类时，应该依据其交际目的，而非形式。在 Dews & Winner（1995）的分类基础上，应该增加"中性反语"或者称为"说反话"一类。这样的好处有 2 点。首先,就概念而言,反语就是真实义和字面义不同的表达形式,从功能上看,反语使用的目的可能是讽刺嘲弄或者展示幽默、表达调侃,但也存在一种仅仅是为了说反话而说反话,并无褒或贬的态度,只是单纯的中性态度。例如,在乌云密布时说"今天果然是晴天",如果是针对某个天气预报员的晴天预测而表达的,这句话就是一个讽刺;如果只是表明与自身预期相反,这句话就只是一句单纯的反话,并不是为了讽刺某个人或某件事(Lee & Katz,1998)。其次,现有的反语研究文献存在大量混用 irony 和 sarcasm 术语的现象,不同论文中称为 irony 或 sarcasm 的内容,实际上并不是一回事,而且他们的实际语料中也存在部分中性反语。这导致反语的研究结果混乱,难以做严谨的对比。

基于以上考虑,本书认为反语的具体分类应该是说反话、反语讽刺和反语调侃。具体解释如下:

(1) 说反话。说话者表达和事实相反的陈述,但不针对某人或某些人做出态度上的评判。如在下雨天说:"今天真是晴天!"

(2) 反语讽刺(ironic sarcasm),即正话反说。说话者的字面意思是肯定、赞扬,但真实意图是贬低且有特定受害对象的陈述,针对该对象表达批评、嘲讽、讽刺的态度。如对一个不伸手帮忙的朋友说:"你真是个靠谱的朋友。"

(3) 反语调侃(ironic teasing),即反话正说。说话者的字面意思是贬低、批评,但真实意图并无贬低之意的陈述,表达调侃、幽默的态度,而且该陈述是对受话者自身陈述或社会准则的回应。如一个好朋友声称自己恋爱经验很少,从未谈过对象,但你偶然发现他实际上一年谈了 5 个女朋友,于是你对他说:"你的恋爱经验果然不足啊!"

从理论的角度理清反语的分类后,本书根据可操作性强、便于实验对比研究等考虑,限定研究类型为反语讽刺和反语调侃。

1.1.1.3 反语的交际功能

反语的使用会明显增加说话者被误解的风险,但为什么仍然会被频繁使用呢?对此,许多学者进行了研究,认为反语的使用具有字面表达不具备的交际功用。例如,Kreuz(2000)认为,在对话中使用反语具有以下 4 个主要功能:(1)表达说话者的负面情绪;(2)使说话者看起来幽默风趣;(3)使说话者的意图更加明确;(4)为了达到强调效果。而 Shamay-Tsoory et al.(2005)认为,反语可以增强批评的礼貌性,降低批评的威胁性和进攻性,还可以创造幽默的氛围。除此之外,Regel(2009)认为,反语的交际功能有 4 种:(1)间接地表达态度或信念;(2)强化预期和事实的冲突;(3)提醒不符合的期望;(4)使说话者看起来很幽默,降低攻击性。

一般认为,反语讽刺会比直接批评具有更少的负面意味,反语调侃会比直接表扬具有更少的正面意味,即反语表达会削弱态度,产生淡化效应(Filik et al.,2016,2017)。但另一些研究者对此持相反的意见,认为反语表达会强化态度(Blasko & Kazmerski,2006;Bowes & Katz,2011;Colston,1997)。他们赞同 Lee & Katz(1998)对强化效应的解释:说话者使用反语表达而不是字面直义,是为了给信息接收方传递更强烈的态度。

反语的语用功能在汉语的研究中也有相似的结论(王雪、岳二趁,2015)。首先是幽默功能,因为反语最常出现在亲近的朋友、亲人之间,所以使用反语会增加幽默和个人的魅力。其次是讽刺功能,反语通过字面意义和语用意义的强烈对比来实现讽刺功能,又不会过于言辞犀利。最后是凸显功能,反语使得听话人通过具体的语境和语用策略来推理,在推理过程中存在的巨大反差,使得反语义更加被凸显。这里的 3 种功能大致对应的是反语调侃、反语讽刺、说反话。

1.1.2 韵律

韵律(prosody)一词,起源于古希腊,原指"伴着乐器唱歌",随后被引入现代语音学的研究领域(Crystal,2008)。语音学领域的韵律,又称为"韵律特征"或"超音段特征",被定义为口语表达中附着在音段(即元音和辅音)之上的动态变化的语音和音系特征(Fletcher,2010)。从语音学的角度看,韵律是指基频、时长、振幅、嗓音等声学特征。从音系功能的角度看,韵律是指词调、语调、重音、节奏、焦点等音系特征。

从交际功能上看,韵律可以分为语言韵律和情感韵律(郑志伟等,2013)。语言韵律可以用来表达一定的句法、语用等功能,如同一句话改变语调,可以表达陈述、疑问、命令(Hirschberg,2002)或强调(Fernald & Mazzie,1991)等语气。而情绪韵律可以反映说话者的情绪状态(Darwin,1871;Buchanan et al.,2000)。在实际生活中,说话者可以通过言语中的词汇语义来表达情感状态,也可以用起伏变化不同的情绪韵律来表达情感状态。一般情况下,这 2 个通道会表达一致的情绪信息,但也有例外,比如反语,听话人需要结合情绪韵律、词汇语义和语境 3 个方面的信息,才能准确判断说话人的情绪和意图(郑志伟等,2013)。

这 2 类韵律虽然具有功能上的差别,但共用相同的底层声学特征(基频、时长、音强和嗓音等),只是使用的策略略有不同。研究发现,情绪韵律主要依靠基频、音强等参数的整体变化(Banse & Scherer,1996),如表达生气、愤怒、高兴等;而语言学韵律更多地依靠基频、音强等参数的局部调整,如表达词重音、句焦点、语气等(Belyk & Brown,2014)。

1.1.2.1 语言韵律

语言学领域对韵律的研究,可以再分为音系学和语音学 2 个角度。音系学对韵律的研究,侧重于对某个现象描写出区别性特征,以期抽象出普遍的规则。语音学对韵律的研究,侧重于在实际话语中描述出观察到的语音事实。表达语言学信息的韵律,其主要内容分为重音、语调等。

重音是语言感知中最重要的韵律现象之一,是指相对于一个词、一个短语或一句话来说的重读现象,分为词重音和句重音。其主要通过音高提高、响度提高、时长加长和元音发音夸张等方式实现(Fry,1955)。就音系特征而言,英语属于重音语言,词重音的变化会影响该词的语义内容;而汉语属于声调语言,同一个词的声调变化会引起语义内容的变化。

语调是指通过改变基频(或音高)、时长等特征,来实现除词义变化以外的语言功能,比如实现陈述和疑问语气的变化或信息焦点的变化等功能。语调变化虽然主要是通过基频改变来实现的,但也会伴随着时长、响度或嗓音等其他特征的改变。

1.1.2.2 情感韵律

语音上的韵律特征,除了可以表达语言学内容,还可以传递副语言学信息(paralinguistic information),诸如发音人性别、健康状况、情感状态等。其中最主要的功能就是传递说话者的情感状态。早在 1933 年,在《汉语的字调跟语调》一文中,赵元任就认为汉语的音高运动模式具有表义和表情 2 种功能,实际上也就是把韵律分为语言韵律和情感韵律。

情感韵律的一个显著特点是可以独立于语言学信息。例如"你的论文写得很好",这句话的语言学信息(字面含义)是对论文写作的正面评价,而这句话可以用讽刺的韵律表达,来传递一种负面的评价。这种形式就是反语。反语表达既是一种语用现象,也是一种情感类型,具有独特的韵律特征。

在对话交际中使用反语,往往通过特定的韵律变化来实现。早在1974年就有学者研究反语的韵律特征(Cutler,1974)。Cutler(1974)认为反语的韵律特征有更重的强调、更慢的语速和鼻音化。虽然韵律被认为在反语表达和理解中发挥着重要作用,但是对韵律实现反语的具体方式的研究还不够深入(Mauchand et al.,2018)。由此可知,已有文献中对反语的韵律特征的研究还存在很大的争议和分歧。

1.2 研究内容与意义

1.2.1 研究内容

基于以上的研究基础和反语的研究现状,本书研究的问题主要分为3个:(1)反语的语音形式是否存在区别性韵律声学特征,这个问题通过反语语音的声学分析来解决;(2)听音人在识别反语时是否依靠区别性韵律声学特征,这个问题通过参数合成语音的听觉感知实验来探究;(3)存在语境时,韵律线索的有无是否会影响反语理解的实时加工过程,这个问题通过事件相关电位(Event-Related Potentials,ERP)技术开展脑电实验来解决。

1.2.1.1 反语的语音形式是否存在区别性韵律声学特征

通过语音形式对反语的研究远远少于基于文本的研究,这就导致了对反语语音韵律的研究相对缺乏。同时,现存的对反语语音进行韵律分析的研究,仅考察了其局部韵律特征,而忽视了更为重要的全局韵律模式。反语表达究竟具有何种韵律特征?反语与非反语间是否具有声学上的显著差异?解决这些问题对反语理解加工具有重要的影响。

因此,本书拟系统地考察反语表达的韵律特征,既从全局层面考察反语的声学参数,如全句的基频、时长、音强、嗓音等,也从部分层面考察关键词位置和非关键词位置的反语表达是否具有区别性声学特征。

1.2.1.2 听音人在识别反语时是否依靠区别性韵律声学特征

以往对情感语音的声学特征研究,只是停留在获得其统计显著的声学模式上。

但是,统计上具有显著性差异的韵律特征是否会影响反语的理解和识别,即听音人在识别反语话语时是否依靠区别性韵律声学特征? 这个问题还不得而知。解决这个问题是解决反语自动语音识别的前提,也是考察听话者是依靠什么特征来识别说话者的反语表达的关键。

本书拟通过基于参数合成的语音听觉感知实验,改变真诚表达的基频、时长和音强曲线,考察听音人在识别反语时是否依靠区别性韵律声学特征。通过这种方法,可以验证反语表达的各个韵律声学特征是否具有感知上的意义。

1.2.1.3 存在语境时,韵律线索的有无是否会影响反语理解的实时加工过程

现有的研究表明(详见第 2 章),反语理解过程中是否需要韵律参与这个问题存在争议。有的研究认为需要韵律,而有的研究认为不需要韵律,韵律的有无不影响反语的理解。而事实上,韵律是否起作用,与语境提供的信息是否充分有关(Rivière et al.,2018)。

本书试图探究在语境提供信息的前提下,韵律线索的有无是否会影响反语理解的实时加工过程。对该问题的考察,拟采用 ERP 技术来记录反语加工时的实时脑电信号。ERP 技术具有高时间分辨率且对被试无创的优点,被广泛应用于考察语言的实时神经加工过程。

1.2.2 研究意义

从语音学领域对反语进行系统研究,主要可以产生 2 个方面的研究价值,分别是理论价值和应用价值。

1.2.2.1 理论价值

第一,将反语的研究纳入语音学的研究领域。

在汉语语言学领域,对反语的研究大多针对书面语言,所以集中在语用学和认知语言学领域,在语音学领域对反语口语的表达与听辨的研究少之又少。但反语作为日常生活言语通信中的载体就是语音信号。在研究时理应同时考虑不同研究领域的方法,开展跨学科研究。本书既从心理语言学角度出发,进行认知理解的研究,也从语音学的角度出发,以社会功用为对象进行声学分析,将反语的研究领域拓展到语音学领域。

第二,系统考察韵律对反语表达和感知的影响。

影响反语理解的重要因素有语境、韵律和语义,而以往的研究主要针对书面语言,考察语境和语义的作用。但在实际使用中,语音韵律形式才是反语最常见的表达方式。本书拟系统考察韵律对反语表达的影响。本书既采用行为听辨实验,也采用脑神经实验,着重考察语音韵律对反语理解的影响,可以让人更好地理解反语的认知加工机制。

第三,充实汉语反语语音的研究。

对反语的研究由来已久。但是,对汉语反语语音的研究还不多,大多研究集中在其他语言。关于反语的实验语音学研究主要涉及德语、法语、意大利语、英语,对汉语反语进行的研究,仅有 Cheang & Pell(2009),张萌、张积家(2006)等几篇论文。但汉语对反语的使用频率非常高,而且高于日语、英语等语言。因此,对汉语反语的研究十分有必要。

第四,确定嗓音音质(voice quality)在反语表达中的作用。

以往对反语表达的研究,绝大多数仅分析其常规韵律参数,仅有几篇主观判断的论文提及反语可能存在特殊的嗓音类型。嗓音音质在反语表达中的作用长久以来被忽视。本书将从3个角度系统描述嗓音音质特征,以期确定嗓音音质在反语表达中的作用。

1.2.2.2 应用价值

第一,帮助二语学习者理解汉语文化中的反语表达。

随着中国越来越开放,各种不同语言背景的人在中国生活,彼此之间相互交往的频率也越来越高。在相互交流中,经常会因文化背景的不同而产生误解,尤其是对于反语这种本身就具有高误解风险的表达方式。本书的研究有助于揭示汉语反语表达的韵律特征,以便更好地帮助外国人对汉语反语的理解和使用,这也将有助于对外交往和对外汉语教学。

第二,辅助情感语音的识别和合成,提高智能家居体验。

随着智能家居的兴盛,人机交互有了越来越广泛的应用市场。语音合成的研究已经进展到可以使合成的语音较为自然,但现在还不能根据特定交际场景合成有情感变化的语音。本书的研究,可以在智能时代来临时,促进人和机器更加畅通、自然、真实地交流,提高用户体验。

通过考察韵律特征,分析反语语音的韵律变化规律,如基频、时长、嗓音的变化,找准与情感表达直接相关的重要韵律参数,对情感语音的计算机识别和合成有一定的参考价值。

第三,有助于自闭症患者、精神分裂症患者等特殊人群的认知功能康复。

现有研究发现,自闭症患者、精神分裂症患者及部分脑功能损伤者,由于心智能力受限,存在无法理解反语的现象。通过对反语理解开展行为实验、脑电实验、磁共振成像等一系列研究,可以揭示反语理解加工的深层次机制,如语境利用、前额脑区参与等。这些研究结果揭示了特殊人群不能很好地理解反语的原因,可以为他们的言语康复提供一定的启示。

1.3 章节安排

根据研究问题及解决方案,本书共分为 6 章。具体章节安排如下:

第 1 章绪论,主要介绍反语(包括反语的定义、分类、交际功能)、韵律、研究内容及研究意义等。

第 2 章反语语音的研究现状,将梳理有关反语语音的国内外研究成果。围绕本书研究的问题,对反语研究现状的梳理主要从韵律声学分析、听觉感知研究和认知神经研究 3 个方面展开。

第 3 章反语表达的韵律声学分析实验,主要解决反语的语音形式是否具有区别性韵律声学特征,以及具有怎样的韵律声学特征等问题。通过线性混合模型来寻找具有统计显著性差异的韵律声学参数,然后利用随机森林来验证这些韵律声学参数对反语辨识是否具有重要作用。

第 4 章基于韵律参数合成的反语听觉感知实验,主要探究反语的区别性声学特征是否在反语识别中发挥作用。本章通过 2 个基于参数合成的听觉感知实验,调整不同的声学参数来考察该声学特征是否影响反语的理解。

第 5 章韵律线索影响反语认知加工的 ERP 实验,主要探究韵律是否影响反语的理解加工过程。本章从情感韵律预期违反和情感韵律的多阶段加工 2 个理论出发,通过 ERP 实验,解释反语加工时韵律有无的不同认知过程。

第 6 章回顾与展望,将第 3—5 章的结果加以综合讨论,总结韵律在反语表达和理解中的作用。

2 反语语音的研究现状

反语可以通过很多形式来表达,比如文本、语音信号、面部表情等。但是,语音信号是人际交流中使用最频繁、最高效的通道。通过语音形式考察反语也是最贴近使用现状的一种方式。另外,通过文本或面部表情形式均无法考察韵律在反语表达和理解中的作用。因此,对反语语音信号的研究十分有必要。

结合本书研究的问题,本章梳理前人对反语语音的研究,主要侧重以下 3 个方面。第一个方面是关于反语语音的韵律产出研究,对应了本书第 3 章的实验(韵律声学分析实验)。第二个方面是反语理解感知的行为实验研究,对应了本书第 4 章的实验(听觉感知实验)。第三个方面是反语理解感知的神经认知机制研究,对应了本书第 5 章的实验(脑电实验)。

2.1 反语表达的韵律特征研究

虽然是否存在反语韵律还没得到广泛一致的认可,但主流观点认为反语韵律是存在的。在存在反语韵律的前提下,反语的韵律究竟有哪些声学特征? 这是反语韵律研究的第二个关注点。反语的韵律特征分析主要是通过声学参数的提取与统计来考察反语表达和非反语表达之间具有哪些差异。

对于反语的韵律特征,目前为止最具一致性的结论就是语速。很多研究发现反语表达具有更慢的语速(Rockwell, 2000; Laval & Bert-Erboul, 2005, Bryant, 2010)。例如,英语和意大利语(Rockwell, 2000)的反讽句比非反讽句的语速慢(Anolli et al. ,2002),法语的反讽句消耗更长的时长(Laval & Bert-Erboul,2005),而日语的反讽句的音节会被拉长(Adachi,1996),意大利语和英语的反语句的元音会被拉长。反语表达时语速变慢的原因大体是,语速降低会给听者更多的时间去加工相对多的命题内涵,以便理解说话者真实的意图(Bryant,2010)。

但除此之外的其他韵律声学参数,如基频、音强等,则具有争议性结果。例如,在英语中,反语的韵律特征是更低的基频均值、更小的基频离散度和具有变化的谐波噪声比(Cheang & Pell,2008)。Laval & Bert-Erboul(2005)发现法国人表达讽刺时会具有较高的基频、受限制的基频范围和较慢的语速。而 Anolli et al. (2002)认为意大利人具有较高的基频均值、更大的基频范围和更高的音强。Rockwell(2000)研究发现,说话者表达反语时会比真诚表达时使用更低的基频、更高的音强和更慢的节奏。但 Rockwell(2007)又发现,反语比非反语具有更高的基频均值和更大的基频范围。对于反语中音强和节奏的特征,Voyer & Techentin(2010)的实验却没有发现差异。此外,Anolli et al.(2000)发现发音人会使用更高的基频来表达反语,而 Shapley(1987)发现发音人表达反语讽刺时会使用平缓的(flat)、单调的(monotone)语调。

Cheang & Pell(2009)对比研究了粤语和英语中的反语表达。该文发现说粤语的人群表达反语时会提高基频,而说英语的人群表达反语时会降低基频,如图 2-1 所示。不过,最新的一项针对粤语反语的声学分析论文(Lan et al.,2019)却发现,粤语中的反语表达,基频实际上是更低,而不是更高,这个结果和 Cheang & Pell(2009)的发现相反。Lan et al.(2019)认为其语料诱导方式更自然、被试更多,所以粤语反语具有更低的基频这个结论是可靠的。

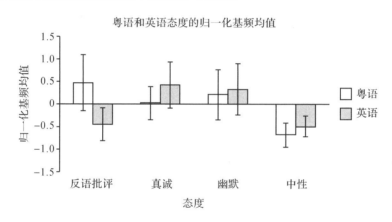

图 2-1　说粤语和说英语的人群表达反语时的基频均值对比

(Cheang & Pell,2009)

虽然很多声学分析研究发现基频均值是反语表达最重要的参数,但 González-Fuente et al.(2016)从感知的角度验证该结论时发现,关键词基频范围的扩大并没有使反语辨识率提高,而时长和语调类型才是感知反语时最重要的参数。声学结果和感知结果的不一致使得我们不得不反思声学表现和听觉感知中究竟是否存在对应关系。

不同语言的反语研究,也发现了振幅(音强)的改变是另一种反语表达的区别特征。在意大利语中,反语是增加平均音强(Anolli et al.,2002)。而英语中的结果不太一致:Rockwell(2000)发现音强是增加的,而 Cheang & Pell(2008)发现反语并没有音强增加的现象。但 Cheang & Pell(2009)又发现,在粤语和英语中,反语均会有较小的音强差异和压缩的音强幅度。

对反语韵律特征的分析,除了使用客观声学参数进行统计,还有利用感知实验评估声学特征的方法,如 Rockwell(2007)通过声学测量和感知评分相结合的方式考察反语的韵律特征。他先提取语音信号的基频、时长和音强的声学参数,同时招募 6 名本科生,对音频中的这些声学参数进行量度评分(1—5 度)。在分别进行 t 检验和相关分析后,他发现声学分析方法比感知评分方法更可靠。另外,他还发现反语具有更高的基频均值、更大的基频范围、更长的句子、更长的元音时长、更少的停顿等特征。

传统的韵律研究中韵律特征只包括基频、时长和音强。但越来越多的研究者认为,嗓音特征应该是韵律的第四维特征(Campbell & Mokhtari,2003;Grichkovtsova et al.,2012)。嗓音特征在反语中的作用,实际上在早期的主观研究中就被注意到了(Fónagy,1971;Schaffer,1982;Haiman,1998)。但是,对嗓音特征的语音学分析在近几年才刚刚开始(Niebuhr,2014;Cheang & Pell,2008,2009)。

具体地讲,Niebuhr(2014)除考察了传统意义上的韵律特征(即基频、时长和音强),还考察了韵律的第四维特征——嗓音音质。通过提取每个音节的谐波能量差值(H1—H2),该文发现虽然反语句具有更大的 H1—H2 的趋势,但 H1—H2 的均值没有显著差异,而 H1—H2 的标准差具有显著的差异。这说明反语句的谐波能量差值具有更大的离散度。Cheang & Pell(2008,2009)在对英语和粤语中的反语讽刺进行声学分析时提取了谐波噪声比作为嗓音特征。结果发现,英语中的反语讽刺具有更低的谐波噪声比,而粤语中的反语讽刺具有更高的谐波噪声比。但是,嗓音特征远不止这几个参数,对嗓音特征的描写需要从多个维度多个参数进行。系统全面地揭示反语表达的嗓音特征,将是本书的声学分析部分的研究目的之一。

此外,不同性别的发音人也会在表达反语时具有不同的韵律特征。Rao(2013)考察了墨西哥式西班牙语中反语和真诚 2 种态度的声学特征,同时考察了男女性别因素在表达 2 种态度时的声学差异。在招募 2 男 3 女共 5 名发音人后,其要求被试朗读语境和目标句,共生成 15 个反语和 15 个真诚目标句。对这些态度的分析要求分别在句子层面和单字层面进行声学测量。在句子层面测量全句的基频均值、基频范围和语速,单字层面测量关键词的时长、基频走势和元音音强。结果发现,反语表达比真诚具有更低的基频均值、更小的基频范围和更慢的语速。同时还发现,男性发音人在表达反语和真诚时语音信号的声学参数均具有显著不同,但女性发音人的声音韵律变化要么没有差异,要么差异量级小于男性发音人。该文因此认为,男性发音人在表达反讽时更多地使用语音信号,而女性发音人可能更多地使用语言信息或其他非语言信息表达嘲讽义。

2.2 反语理解的行为研究

反语的感知研究主要是考察哪些因素会影响反语的理解感知。已有文献主要考察的因素有表达的真实性、共享背景、说话者的职业、亲密关系、语境、文化背景、情商、智商、面部表情等语言学因素和非语言学因素。

2.2.1 韵律在反语理解中的作用

反语是否存在独特的韵律可以从 2 个角度考察:第一个角度是反语在表达时是否存在显著性韵律差异;第二个角度是反语在理解时是否需要依靠韵律线索。目前对韵律是否在反语中发挥作用,大致可以分为 3 种观点:第一种观点认为韵律在反语中起作用,单独依靠韵律就可以实现反语的表达和理解;第二种观点认为韵律在反语中起作用,但会受到语境的制约,只有在语境信息不足或不充分的情况下,韵律才需要发挥作用;第三种观点认为韵律在反语中不起作用,根本不存在反语韵律,听者也不依靠韵律来识别反语。

第一种观点已经在很多反语的韵律分析研究中得到证实。很多关于反语的韵律分析研究会先进行反语表达的韵律有效性验证。这些实验都发现没有语境时,目标句单独依靠语音形式,在英语中的反语识别率可以达到 73.3%(Chen & Boves,2018)或 73.2%(Voyer & Techentin,2010),在德语中的反语识别率可以达到 72%(Braun & Schmiedel,2018),在法语中的反语识别率为 79%(Loevenbruck et al.,2013)。这些远高于机遇水平(50%)的反语识别率,说明了仅依靠韵律信息可以有效地识别反语表达,反语表达确实存在区别性韵律特征。

但是,没有语境仅依靠韵律线索的实验范式,依然掺杂着陈述句本身的语义信息。若要去除陈述本身的语义信息,可以通过滤波手段去除语音信号中的某段频率成分,以达到保留韵律信息而去除语言信息的目的,这种方法也被用来研究反语的韵律本身是否可以实现反语的效果(Rockwell,2000;Bryant & Tree,2002,2005)。例如,Rockwell(2000)将反语分为模仿反语和自发反语。模仿反语即录制时仅提供目标句,要求被试直接用反语讽刺的口气表达出来。自发反语是录制时给被试提供一段语境,让被试在语境中诱导出反语。作者把反语目标句进行滤波后,去除语义信息仅保留韵律线索,然后让127名被试对刺激进行1—5度量表评分,1代表没有讽刺,5代表非常讽刺。统计结果显示,模仿反语的讽刺程度(M = 3.34)显著大于非反语(M = 2.96)。但自发反语(M = 2.91)和非反语之间没有显著性差异。这个结果表明,没有语义信息仅依靠韵律线索,被试可以区分出比较夸张的模仿反语讽刺和非反语,但不能区分自发形成的反语讽刺。

韵律在反语中的重要作用也体现在一些有关儿童发展的研究中。从发展的角度看,儿童在幼年早期识别反语时主要依靠韵律而不是语境(Ackerman,1983;Winner & Leekam,1991;Laval & Bert-Erboul,2005),等到幼年后期,识别反语时主要依靠语境而不是韵律(Capelli et al.,1990;Keenan & Quigley,1999)。例如,Laval & Bert-Erboul(2005)调查了48名儿童(按年龄分为3组,即3岁组、5岁组、7岁组,每组16人)利用语调和语境理解反语的情况。该文发现,儿童在3岁时不能理解反语,在5岁时可以根据语调理解反语,直到不晚于7岁时才能根据语境理解反语,如图2-2所示。该实验证明语调在反语理解中比语境更先起作用。

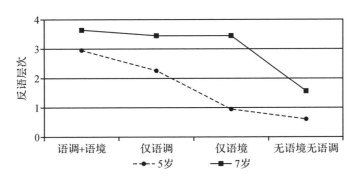

图2-2　语调、语境对5岁、7岁组儿童反语理解的影响

(Laval & Bert-Erboul,2005)

张萌、张积家(2006)考察了语调对6—10岁儿童反语认知理解的影响。作者随机抽取64名6岁儿童、48名8岁儿童、48名10岁儿童作为被试,给他们呈现一个语音短文,末句分别为中性语调和强调语调,让被试判断说话者的态度、话语含义和进行语言现象解释。结果发现,6岁儿童可以初步理解反语中说话者的态度和反语意图,但不能对反语现象进行解释,即使10岁儿童,对语言现象解释的正确

率也不到一半(43.8%)。通过统计分析发现,语调会显著影响被试对说话者的态度、反语含义的判断,但对语言现象解释没有影响。强调语调会更有利于反语理解。这些研究均说明,儿童在认识反语时是先依据韵律线索而后依据语境线索,这证实了韵律在反语习得中的重要作用。

第二种观点认为韵律是否起作用需要依据语境信息是否充分。这种观点也有很多研究支撑。语境和目标句的冲突一般被认为是反语理解的关键(Rivière et al. ,2018)。也有很多研究认为韵律信息在反语理解中发挥着重要作用。最先认为韵律在反语理解中可以不起作用的是一项基于主观判断的研究(Cutler,1974),作者认为在语境信息充分的情况下完全不需要韵律信息。但该文的观点实际上是指韵律在反语中发挥的作用是受到语境条件的制约的,而且这种观点在很多实验研究中得到了证实(Tepperman et al. ,2006;Woodland & Voyer,2011;Rivière et al. ,2018)。

Rivière et al. (2018)将语境和目标句之间的冲突分为3种程度,分别是强冲突、弱冲突和不冲突。语境和目标句均用口语表达,语境使用平缓的语调,而目标句操纵为中性韵律和反语韵律。结果发现,在语境弱冲突和不冲突的条件下,目标句使用反语韵律会更多地被识别为反语。而在强冲突下,目标句使用中性韵律或反语韵律对反语识别正确率没有影响。这个实验表明,在语境提供足够信息的前提下反语理解不需要借助韵律线索,当语境信息不充分(弱冲突或不冲突)的前提下反语理解需要依据韵律线索。

第三种观点认为不存在反语韵律特征(Kreuz & Roberts,1995;Attardo et al. ,2003;Gent,2019),对于某些类别的反语,听者也无法单纯依靠韵律来理解其反语义(Gibbs & O'Brien,1991;Bryant & Tree,2005)。例如,Bryant & Tree(2005)将反语分为 dry sarcasm 和 dripping sarcasm。dry sarcasm 是指在文本语义上没有反语的标记,但在韵律上使用反语语气表达的反语。而 dripping sarcasm 是指在文本上能看出是反语表达,在表达的韵律语气上也能看出是反语表达的反语。该文通过低通滤波(保留 0—500Hz 的频段)过滤掉语言信息而保留基频轮廓,通过高通滤波(保留 1750—3250Hz 的频段)过滤掉语言信息而保留全局韵律模式,然后让被试判断是否是反语表达。实验结果发现,对于 dry sarcasm 来说,无论是低通滤波还是高通滤波,被试均不能区分反语和非反语。虽然前期实验(Bryant & Tree,2002)使用非滤波的语料发现这类反语可以区分,但 2 项实验对比可知,韵律单独无法产生 dry sarcasm 的效果。而对于 dripping sarcasm 来说,无论是低通滤波还是高通滤波,被试均能有效区分反语和非反语,这说明对于 dripping sarcam,韵律本身可以携带反语信息。

综合以上研究情况来看,韵律在反语中是否起作用还是一个悬而未决的问题。另外,韵律如果在反语理解中起作用,那么它究竟起何种作用,也是一个还不明确的问题。韵律究竟本身就包含了反语信息(如 Bryant & Tree,2002),还是韵律本身不包含反语信息,仅仅是提醒听话者进行反语加工的一个标记(Kreuz & Glucksberg,1989)?这个问题也值得进一步考察。

2.2.2 影响反语理解的因素

2.2.2.1 语言学因素

1. 表达内容与语气

目标句陈述的内容是否真实,以及其表达方式是否夸张,会对反语理解和判断产生影响(Kreuz & Roberts,1995)。具体来讲,Kreuz & Roberts(1995)招募发音被试对反语文本语料进行朗读,然后又招募听辨被试对语料的反语程度进行1—6度量表评分。结果显示,非真实的陈述比真实的陈述所感知到的反语程度更高,夸张的陈述比非夸张的陈述所感知到的反语程度更高。无论陈述是否真实,夸张都会提高感知到的反语程度,这说明夸张的韵律在感知反语中起重要作用。

Kreuz et al.(1999)随后又考察了反义疑问句的使用、共同基础的高低,以及是否针对某个受害对象等因素对反语理解的影响。实验结果显示,无论是否有特定受害对象、是否使用反义疑问句和共同基础是高还是低,被试均能很好地判断出反语程度。而是否具有特定受害对象、对话双方的共同基础是高还是低,会影响反语使用的恰当性评价。结果发现,实验被试认为有特定受害对象的反语其使用的恰当性显著低于没有特定受害对象的反语,而高共同基础的反语表达,被认为恰当性更高。该实验实际上说明了有特定对象的讽刺更难以被接受,且反语在具有高共同基础的对话者之间使用比较合适。随后,Kreuz(2000)意识到有特定受害对象和无特定受害对象实际上是不同的反语类型。反讽是针对某个人的,存在一个讽刺的受害者,而反语不针对特定对象,只是单纯说反话。所以该文也承认,以往的研究中,反语和反讽的混用现象很严重,这是导致研究结论不一致的重要原因。

语调也被发现会影响反语的辨识。Glenwright et al.(2014)认为反语表达的语调比前置语境具有更低的基频。该文通过发音人主动控制目标句的 3 种基频下降程度(轻微下降、中等下降和大量下降),让 64 名儿童和 36 名成年人观看 18 个交谈视频。结果发现,5—6 岁的儿童在基频大幅降低时,对反语的理解最充分,而且成年人也是这种趋势,基频下降越多,对反语的理解越充分。这说明,说话者语调是反语理解的重要线索,即使对于已经熟练了解反语的成年人也是如此。

2. 语境、语义和韵律的相互作用

反语理解的最常见的形式就是在一个简短的语境后,提供一个陈述话语。因此,语境信息在反语理解中是一种至关重要的标志。以往的反语研究,绝大部分的关注点集中在反语的语境作用上。例如,Ivanko & Pexman(2003)根据不同的反语理解模型,考察语境与目标句语义冲突的不同程度和反语阅读时间的关系。该文设置了 3 种语境,分别与陈述形成强冲突、弱冲突和无冲突。结果发现,在强冲突的语境下,反语程度比弱冲突语境下的更高。这说明语境的冲突程度提供了反语理解的线索。另外,当语境没有反语倾向时,反语文本阅读时间和中性语境下的文本阅读时间一致;当语境倾向于批评时,反语的阅读时间会明显更慢。

虽然现有学者均认可反语理解需要综合语境、语义和韵律等因素,但这些因素在反语理解中的作用还没有被深入研究。为了考察语境和韵律的相互作用,Woodlan & Voyer(2011)让发音人用平缓无变化的语调产出对话语境,语境内容分 2 类:一类是正面评价、积极赞扬;另一类是负面评价、消极批评。而语境后的目标句则用真诚和反语语调分别表达。这样,语境的内容和目标句的语调就形成2×2的实验设计。该实验让 82 名被试对这些刺激进行 7 度量表评分,1 代表很真诚,7 代表很讽刺。结果发现,当负面偏向的语境和目标句为反语语调组合时,得到的反语程度最高,约为 6.08。当正面偏向的语境和目标句为真诚语调组合时,得到的反语程度最低,约为 2.07。但当语境的正、负偏向和目标句语调不匹配时,如正面偏向的语境和反语语调组合或负面偏向的语境和真诚语调组合,得到的评分处于中间地带(4 分左右),既不被判断为反语,也不被判断为真诚。另外,这种条件下,被试的反应时间也最长。这说明,在理解反语时,语境和语调线索会有交互效应,相互匹配的语境和目标句语调会使反语更加容易理解,而相互不匹配的语境和目标句语调会使反语更难以理解。这个结果也否定了反语理解时,韵律在语境提供信息的条件下不发挥作用的说法。

Ivanko & Pexman(2003)只考察了文本形式的反语理解时语境和目标句对比冲

突的作用,这种范式也被应用在语音形式的反语理解中。Voyer et al. (2016) 在 Woodland & Voyer(2011)(强冲突、不冲突)的基础上,增加了模糊语境这种线索,使得对比程度产生强冲突、弱冲突和不冲突 3 种不同的情况。实验任务从让被试对目标句的反语程度打分,更改为强迫选择,即判断该陈述是反语还是真诚。结果显示,当语境和陈述句的语义内容为强冲突时,目标句使用反语语调时的反语识别率为 95%,反应时长最短,而使用真诚语调表达时的反语识别率仅为 57%。当语境和陈述句的语义内容为弱冲突时,目标句使用反语语调时的反语识别率为 91%,而用真诚语调时的反语识别率为 39%。当语境和陈述句的语义内容不冲突时,目标句使用反语语调时的反语识别率依然有 63%,但用真诚语调表达的目标句,其反语识别率仅为 11%。这个结果表明,当语境提供的信息越来越少时,目标句的语调将发挥越来越重要的作用,用反语语调表达时,反语识别率达到了 91%,而用真诚语调时,反语识别率低于机遇水平。

另外,为了证明该实验结果的可靠性,Voyer & Vu(2016)又在新的语料上重复了上述实验,得出的结论和之前语料的结论一致。除了反语讽刺,作者也把实验范式应用于反语调侃,得出的结果也与反语讽刺一致。综合起来看,在语言线索(文本、语境等)和非语言线索(面部表情、韵律语调等)冲突的时候,听辨人更倾向于选择非语言线索来识别对方的反语义(Argyle et al.,1970;Jacob,2016)。

反语加工模型存在单步或同步加工、两步加工等不同的理论模型。单步加工或同步加工模型认为,反语加工时,反语义的获得是一步到位的。而两步加工模型认为,反语加工时是先加工字面义,然后根据语境信息,再加工出符合语境的反语义。Woodland & Voyer(2011)和 Voyer et al. (2016)的实验结果均表明,无论语境提供的信息是否充足,即语境和陈述语义为强冲突或弱冲突,目标句的语调(反语或真诚语调)均会对反语识别产生影响。这个结果支持了反语加工的直接加工模型或并行加工模型,但不支持两步加工模型。

但 Woodland & Voyer(2011)和 Voyer et al. (2016)的研究对象是反语韵律和真诚韵律,他们考察的实际上是不同类型的韵律对反语理解的影响,而不是有无韵律信息对反语理解的影响。基于此因素,Rivière et al. (2018)采用相同的范式,将语境操纵为强冲突、弱冲突和不冲突 3 种不同程度,但是将中性韵律和反语韵律作为变量,考察存在反语韵律或没有反语韵律是否会对反语理解产生影响。该实验结果显示,在语境和陈述语义为强冲突的条件下,使用中性韵律和反语韵律时的目标句的反语识别率之间没有显著性差异,而在语境和陈述语义为弱冲突的条件下,目标句使用反语韵律时的反语识别率显著高于使用中性韵律时的识别率。这表明,在语境提供足够充分的信息时,反语理解不需要借助韵律信息,韵律信息的有无不影响反语识别率。但当语境提供的信息不足时,韵律的有无会显著影响反语的理解。该实验发现的语境对反语理解的作用和以往的研究一致(如 Woodland & Voyer,2011;Voyer et al.,2016),但对韵律的作用存在不同。具体说来,该实验发现不同听辨人的表现具有差异,一部分听辨人会同时依赖语境和韵律,这一点和以往的研究一致(如 Woodland & Voyer,2011;Voyer et al.,2016),而另一部分听辨人会更依赖语境而不是韵律,这个结果与法语的结果一致(Deliens et al.,2018),这说明不同被试似乎使用不同的策略来理解反语。类似地,以往其他研究也发现(如 Jun & Bishop,2015),在理解句子时听辨人对韵律的使用会存在明显的个体差异。

这些实验均认为,在语境提供充足信息的前提下,不需要韵律发挥作用。但也有与之相反的发现,即在韵律提供信息的情况下,被试不需要充分理解加工语境信息。Deliens et al.(2017)发现,语境信息的加工比其他线索(如语调、面部表情等)更加消耗资源和时间,如果同时存在其他反语标记,那么被试会减少对语境的依赖,转而借助其他线索。在此基础上,Deliens et al.(2018)进一步考察了非语境线索(语调和面部表情)是否可以表征反语,以及语境线索和非语境线索在反语理解中的相对贡献。通过3个实验作者发现,韵律和面部表情可以用于区分反语和非反语。与语境相比,韵律和面部表情虽然不能用来判断说话者的交际意图,但是会加快加工速度。作者认为这是听者在使用韵律和面部表情时牺牲正确率而延长反应时的平衡结果。

这些行为实验的结果之间均存在较大不一致。但这种行为实验范式获得的反语正确率和反应时数据,也无法回答韵律在语境信息存在的情况下是否起作用、何时起作用,以及起什么作用的问题。这个问题需要通过神经认知实验来考察反语加工的实时过程,这也是本书的第5章实验的研究目的。

3. 态度内涵

反语的陈述包含一个可以分离的态度,这个态度承担了句子对某些想法、观点的支持或反对(Yus,2016)。通过反语形式表达的态度,存在淡化假设(tinge hypothesis,Dews & Winner,1995)和强化假设(enhances hypothesis,Colston,1997)2种观点。

淡化假设是指反语表达承载的批评态度会比字面表达的批评意味更弱,反语表达承载的表扬态度也会比字面表达的表扬意味更弱,即反语形式会弱化态度的效果。Filik et al. (2016)的实验则支持了淡化假设。该文通过文本形式考察反语表达是否会影响意图的传递,也就是是否会影响批评或褒扬的效果。结果发现,反语的批评比直接批评具有更少的负面性,反语的褒扬比直接褒扬有更少的积极性。这说明反语会削弱批评或褒扬的效力。

强化假设与之相反是指反语形式的批评(或表扬)态度会比字面表达的批评(或表扬)意味更重,也有很多实验支持强化假设,如 Blasko & Kazmerski(2006)、Bowes & Katz(2011)、Filik et al. (2015)。

2.2.2.2 非语言学因素

1. 被试因素

说话者的表达风格被证实也会影响反语句的理解判断。Pexman & Olineck (2002)以反语调侃为例,选择了 2 类使用不同表达风格的职业人群作为反语发音人:第一类从事和反语使用密切相关的职业,如戏剧演员、节目主持人、影评家、记者、女演员;第二类从事和反语使用不相关的职业,如军人、医生、牧师、牙医、科学家、殡葬从业者等。实验结果发现:(1)职业不会影响句子是否是反语的判断,但职业会影响反语表达的嘲讽意味——当说话者从事和反语有关的职业时,反语表达会被认为更具嘲讽意味;(2)在中性语境下,当说话者的职业和反语有关时,无论陈述是积极还是消极,都更多地被认为是反语。这说明在没有更多冲突信息时,职业信息会影响中性陈述判断。实验还发现,职业影响反语的原因是,从事与反语有关的职业的人会被认为更有趣、更加具有批判性、更缺乏真诚、教育水平更低。这种印象和语境的结合,会影响对说话者意图的感知。

为进一步证实表达风格对反语理解的影响,Regel et al. (2010)通过脑电实验考察了当说话者使用不同的反语频率时,听话者对其反语表达理解的差异。该实验发现,被试感知的反语来自平时不常用反语表达的说话者时,会产生较大的 N400 成分;而感知的反语来自平时常用反语表达的说话者时,在被试和其非反语比较的条件下才会诱发更大的 P600。这说明,说话者使用反语的频率导致的风格差异会影响听话者对反语理解的神经机制。

Pexman & Zvaigzne(2004)又进一步考察了对话者间的亲密关系是否会影响对

反语讽刺和反语调侃的理解。结果显示,关系是否亲密不会影响反语的判断,但会影响反语的一些语用功能,如幽默、调侃等。这大概是因为反语的判断有较强的抵抗性,它主要受反语类型的影响,但不受如亲密关系等社会因素的影响,这些因素只会影响反语的语用功能(Kreuz et al.,1999)。另外,该实验还发现,反语调侃比反语讽刺具有更高的反语评分,这个发现与以往的很多研究相反,具体原因值得进一步考察。

移情能力(empathy)也会对反语理解产生影响。Nicholson et al.(2013)利用视觉情景范式,考察儿童理解反语时是否受移情能力的影响。结果显示,儿童欣赏和加工反语与移情能力有相关性:移情能力越高,反语理解越迅速,理解正确率也越高。这表明移情能力会在反语理解中起重要作用。

被试的情商和智商因素也会影响反语的理解加工。Jacob et al.(2016)考察了被试的情商是否会影响德语反语的理解。该文通过梅耶-沙洛维-库索情绪智力测验(Mayer-Salovey-Caruso Emotional Intelligence Test,MSCEIT)获得被试的情商分数。实验结果显示,情商高低和反语辨识之间没有显著的相关关系,但反应时和情商有显著的负相关,即情商越高的被试,识别反语时所用的时间越短。该文没有发现反语辨识和情商的关系,可能是与该实验的任务有关,即与该实验选择的和反语比较的情绪类型有关。

Milanowicz(2013)考察反语使用和智商之间的关系时,将54名说波兰语的成年被试对自己使用反语程度的评分与他们的IQ得分进行相关分析。结果显示,自我反语使用认知和IQ之间有显著的相关性。认为自己常使用反语的被试,具有更高的IQ。但Mo et al.(2008)在实验中发现,对反语的理解和IQ之间没有相关关系,而且精神分裂症患者即使和正常人的智商没有差异,也存在反语理解困难的问题。

2. 跨文化差异

反语理解过程中语境和韵律的相互作用也存在跨文化差异。关于反语的跨语言对比研究,涉及英语的比较多。Peters et al.(2016)对比了英语母语者和非英语母语者(阿拉伯语母语者)在反语理解时的依赖线索进行研究。他们发现在理解反语义时,非英语母语者更多地依赖韵律信息,忽略语境信息,而英语母语者会同时借助韵律信息和语境信息,当语境和韵律信息不一致时会更加关注语境。这个结果证明了在二语习得过程中,韵律和情感是可以分开习得的。阿拉伯语母语者在应用韵律与英语情感解析过程中,存在母语负迁移现象:阿拉伯语母语者在理解情绪时,比英语母语者更少地借助韵律策略。

Cheang & Pell(2011)考察了说英语的人群和说粤语的人群对不熟悉的语言中的反语的理解情况。将英语和粤语中的反讽、真诚、幽默和中性4种态度通过语音信号传递给说粤语的人群和说英语的人群,让被试判断出目标句的交际意图。结果显示,被试均能很好地辨识出自己母语的反语,但对不熟悉的语言中的反语,辨识率只达到了机遇水平。虽然声学结果显示,粤语反语和英语反语有一些共同的韵律特征,但这些特征不足以帮助反语在2种语言之间辨识。

二语习得人群对非母语的反语理解也是值得研究的课题。Shively et al.(2008)研究了学习西班牙语的英语二语习得者对西班牙语的反语感知情况。该文试图考察二语习得水平是否和反语辨识能力有关。另外,该文还考察了多种语境形式(音频、视频、文本)是否会提高反语辨识率。结果发现二语水平越高,反语辨识率也越高。但语境信息的增加(从文本增加到韵律和面部表情增强),并没有提高反语辨识率,反而在纯文本条件下,反语辨识率更高。该实验没有证实 Ramos(1998)的假说:语境信息越多,反语越容易被辨识。

外国口音也会影响本地人对反语含义的理解。Caffarra et al. (2018)首先让有英国口音的二语习得者产出西班牙语的反语句,然后让西班牙被试判断有英国口音(外国口音)的语料和有西班牙本地口音的语料具有的反语义程度。结果发现,有外国口音的反语语料被认为具有更低程度的反语义。该实验结果说明,在理解句子的反语义时,被试的语用推理能力会受到口音的影响。

3. 非语言因素

除了韵律线索,发音人在编码反语意图时也会使用面部表情策略。González-Fuente et al. (2015)研究了在产出和理解西班牙语的反语时末尾的面部表情是否会发挥作用。作者通过操纵发音人在产出实验中的表现,使得70%的反语句存在表情结尾,而只有20%的非反语句存在这种现象。在感知实验中,作者通过给被试播放有表情结尾和无表情结尾的反语表达,考察面部表情结尾是否会影响反语辨识结果。结果发现,视觉上的表情结尾会提高反语的辨识率。这说明面部表情在反语表达中发挥着重要作用。该实验实际上支持了 Ramos(1998)的假说。

Rockwell(2001)也考察了反语和非反语表达中面部表情的差异。该文将面部表情划分为3个区域:眉毛和前额、眼睛和鼻子上部、嘴部。作者招募受过训练的学生对由 40 个美国人录制的对话语料进行反语评分,从中选择 30 个反语评分高的语料和 30 个反语评分低的语料,再招募受过训练的学生进行面部表情的标注。统计结果发现,只有嘴部表情在反语和非反语表达中具有显著差异。实验结果显示,在表达反语时,面部表情主要依靠嘴角变化来表达和辨识。

2.3　反语理解的认知神经研究

2.3.1　反语加工的理论模型

心理语言学在对反语、隐喻、双关等非字面语言的理解过程进行研究时,总结出一些加工模型。根据这些模型假设,有学者依据反语的字面义、非字面义的加工先后顺序,进一步归纳成 3 种加工模式,分别是分步加工模式、直接加工模式和同步加工模式(黄彬瑶、王小潞,2013)。

2.3.1.1　分步加工模式

分步加工,顾名思义是指反语的反语义和字面义有先后顺序的分步骤加工。这种加工模式主要有 2 种假设:第一种是基于会话含义理论(conversational implicature theory)和言语行为理论(speech act theory)的标准语用假说(standard pragmatic hypothesis);第二种是分级凸显假说(graded salience hypothesis)。这 2 种假说均认为反语是分步骤加工的,听者会首先获得字面义,然后在语境的作用下否定不符合当前语境的字面义,转而寻找相应的反语义。在获得反语义之后,字面义并不会被抑制,而是会被保留下来参与后期加工,如图 2-3 所示。

图 2-3　分布加工模式示意图

(黄彬瑶、王小潞,2013)

1. 标准语用假说

标准语用假说是反语加工最早的也是影响力最大的假说之一。它是在会话含义理论(Grice,1975)和言语行为理论(Searle,1979)的基础上发展来的。

含义(implicature)正是 Grice 在 1975 年首创的术语,用来代指话语中的非字面意义。他认为说话者在会话中往往会选择暗示而不是明示的方式使听话者进行推理。这种互动的成功,需要双方遵循"会话合作原则"。这一原则又分为 4 个范畴:"数量准则",即会话内容应该包含交谈目的所需要的信息,而不超过需要;"质量准则",即会话内容应尽可能真实;"关联准则",即会话内容应该和当前话题相关;"方式准则",即会话应该要表达清晰,避免模糊和歧义。

事实上,合作原则只是描述会话过程的理想状态,是一系列假说,而不是要求人们在日常会话中严格执行(梁燕华,2013a)。在实际生活中,也会存在人们在会话中通过故意违反会话合作原则或会话原则中的一部分准则来表达其他含义(这样就会生成会话含义),而反语就是在这种情况下产生的。当说话者使用反语来表达明显不真实的话语时,因为说话者和听话者都需要遵循合作原则,也都清楚对方需要遵循合作原则,所以听话者发现说话者违反了会话合作原则中的"质量准则"后就会做出推理:说话者通过违反合作原则,想传递什么信息。

所谓言语行为(speech act),是指句子在会话交际中承担的交际功能,即说话者表达句子目的是让听话者听到、听懂,并对此有所反应。言语行为具有互动性和语境依赖性等特点。互动性是指说话者和听话者处于互动状态,才能完成交际功能。Searle 在其老师 J. Austin 做的题为"How to do things with words"的讲座的基础上,发展出言语行为理论。Searle 把言语行为分为 5 类:(1)陈述行为,包含断言、总结,发生在言语是真实的,且说话者确信是真实的情景中;(2)指令行为,包含要求、提问,发生在说话者通过请求、建议、禁止等形式试图让听话者执行一些行为的情景中;(3)承诺行为,包含答应、提供、威胁等,发生在说话者强迫自己即将执行某些行为的情景中;(4)表达行为,包含道歉、欢迎、祝贺等,发生在说话者对先前行为或生理状态表达一种态度的情景中;(5)宣告行为,包含宣告、受洗、解雇、证婚、阐述等(梁燕华,2013b)。每种言语行为又分为几乎同时发生的 3 个行为,即言内行为(locutionary act)、言外行为(illocutionary act)和言后行为(perlocutionary act)。具体到反语这种言语行为,就是说话者通过使用在特定语境下具有特殊反语含义的言语,来使听者意识到说话者的观点、情感或想法。

基于以上 2 个理论,标准语用假说认为,反语理解是一个具有先后顺序的认知过程,听者会首先加工并获得反语句的字面意思,随后在语境的作用下,听者会检测字面义和语境是否匹配,当听者发现反语句的字面义不符合当前语境时,即意识到说话者违反了会话合作原则,会否定该字面理解,转而寻求相应的非字面义,即反语义。这个检索言外之意的过程,涉及语用推理,即听者对说话者字面表达的相反义的推测。

2. 分级凸显假说

一个词或句子的凸显义(salient meanings),就是在特定语境(语言学或非语言学语境)下的受惯常性、熟悉度、常用性调节的意义。这种意义在没有基于语境进行额外推理的情况下就可以根据词义自动加工出来(Giora,1997),其也是在心理词典中检索出来的意义,而非语境中生成的意义,一定情况下为字面义或反语义(张萌,2006)。凸显义不是语境义,但是会受到语境的影响。因此,如果一个词可以从词义中直接检索出 2 层意思,则那个更加流行、更加符合原型、使用更加频繁的含义就是凸显义,或者根据前置语境而激发出来的含义和根据前置语境可以预测出来的含义就是凸显义。

词义的获得会受到语境的作用而得到促进,但是语境只能促进词义的激活,而不能抑制凸显义的激活。例如,有眼动实验发现,即使前置语境和非凸显义相匹配,被试也会对凸显义的注视时间更久。这说明词义的凸显义也会被激活,即使前置语境并不偏向它。该模型同时具有直接通达假说与标准语用假说的优点,又弥补了它们的不足(王月婷、杨满成,2019)。

根据分级凸显假说(Giora,1997),字面义的加工和非字面义的加工都会遵循以下 3 条原则。(1)凸显义(惯常义)在任何条件下都会比非凸显义优先加工理解,而且一个词或句子的凸显义总是会被激活。(2)凸显义的非凸显理解(如反语义)包含了一个序列加工过程,即句子的凸显义会首先被加工,随后根据隐含意思否定,进而重新理解成非凸显义。句子的凸显义越凸显,根据隐含意思来拒绝这个凸显义就越困难。(3)非凸显理解的加工更加困难,因此它需要更多不同的语境来支持它的意义获得。

在最初的加工过程中词义是被封装的,其凸显义是逐渐被检索的,语境信息是并行加工的,它既不和词义加工交互,也不会去抑制和语境不匹配的凸显义。

2.3.1.2 直接加工模式

第二种加工模式是 Gibbs(1994)提出的直接加工模式。他认为我们加工字面语言和非字面语言具有同样的加工过程,因此提出了直接加工假说(direct access hypothesis)。他认为以往对反语加工的解释存在一个缺陷,就是在一些情况下字面义的相反义并不是很清楚,或者和说话者的反语义并不是很接近。根据这个假说,反语表达的语义会在早期和语境发生交互。在此基础上,分析器会直接获得反语义而不需要额外的认知加工。在反语义获得之前,字面义不必被完整分析,也不会被否定(见图 2-4)。

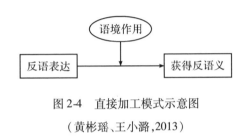

图 2-4　直接加工模式示意图

(黄彬瑶、王小潞,2013)

Gibbs(1986)得出这个假说的实验证据是基于一项行为实验。该实验通过阅读时间来考察反语讽刺和非反语讽刺的加工,当反语讽刺句有恰当的语境时,它的阅读时间没有比非反语讽刺句的时间更久,甚至比非反语讽刺句更短。这个实验直接否定了标准语用模型对反语的解释。在随后的一项实验中,Gibbs et al. (1995)也进一步验证了这个结果。这个实验是让被试通过自定阅读速度的范式来比较有意识的反语表达和无意识的反语表达。无意识的反语表达在特定情景下是偶尔出现的,它比有意识的反语表达花费的阅读时间要更短。这个结果证明了在语境充足的情况下,即使是无意识的反语也会更加容易理解。

支持直接加工假说的 2 个重要理论是回应提醒理论(echoic reminder theory)和暗示假装理论(allusional pretend theory)。回应提醒理论认为,反语句表达的是说话者的态度,理解反语并不是非字面义代替了字面义,而是听者回想到一些熟悉的场景,从而意识到说话者的态度(Kreuz & Glucksberg,1989)。根据回应提醒理论,反语表达的字面义就是说话者意图表达的意思而不是其相反义,是希望听者通过反语句回想到潜在的期望、社会常态或前置事件。这个理论很好地解释了反语使用的不对称性:为什么反语讽刺使用频繁且容易理解,而反语调侃却相反。比如"你真是个给力的朋友",可以很容易地用来表达反语,而"你真是差劲的朋友"只有在非常特定的情景下才能表达反义。这是因为这种积极的陈述不需要出现显性的前置事件,因为它本身就存在一个隐性的社会标准和期望。这些标准都是积极的,比如朋友本来就应该是很靠谱、给力的。当一个朋友并没有提供理应提供的帮助时,"你真是个给力的朋友"就可以很容易用作反语。但是负面陈述没有隐性的前置事件,因此必须出现显性的前置事件,比如有朋友说过 A 很差劲、无法信任、胆小懦弱,然而 A 勇敢地制止了一起盗窃事件,这时候一个负面的陈述"你真是个胆小的朋友"才可以用于反语,表达对他英勇行为的赞赏。

暗示假装理论认为,反语句是有意具有暗示性,这样可以有意使听者的注意力集中在一些期望上(Kumon-Nakamura et al.,1995)。具有回声性质的反语标记,通过对前置句子或思想显隐性的回声来实现这种暗指,但作者认为,在普通对话中,通过回声来实现暗指、影射并不是唯一的实现方式。语用上的不真诚(pragmatic insincerity)是反语句最关键的特征。听者在意识到这种不真诚时,会立即得到反语义,而不需要像标准语用假说那样需要分步骤理解加工才能获得反语义。

2.3.1.3 同步加工模式

除了分步加工模式和直接加工模式,近几年又有学者利用同步加工模式来分析反语这类非字面语言的理解加工过程。这种加工模式以"并行—约束—满足"模型(parallel-constraint-satisfaction model)为代表。

以往的反语理解模型认为,反语只有在字面义被加工并被拒绝后,才会获得反语义,而"并行—约束—满足"模型认为,反语的各个特征会被迅速地并行处理,一旦有足够的证据支持,反语义会立即获取(见图 2-5)。

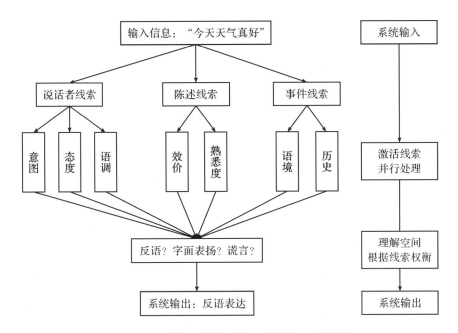

图 2-5 "并行—约束—满足"模型处理示意图

"并行—约束—满足"模型可以用连接神经网络来实例化(Pexman,2008)。网络中相互连接的单元代表了理解问题的可能解决方案。在处理理解时,模型中单元的激活受到松弛机制(relaxation mechanism)的不停调节,直到整个网络趋向稳定状态。当模型达到稳定状态时,理解就会完成,系统的最终输出就是给定输入和在连接过程中获得知识的条件下理解的最优解。

2.3.2　ERP 技术在语言研究中的应用

2.3.2.1 ERP 原理

ERP 是一种测量大脑对特定刺激所产生的直接反应的电生理技术。这种技术为研究大脑功能提供了一种非侵入、无伤害的方法。ERP 是通过脑电图(Electroencephalography,EEG)测量得来的。1924 年,德国精神病学家 Hans Berger 发明了一种通过在头皮安置电极片放大信号的方法,用以测量人类大脑的电子活动(Berger,1929),即 EEG 信号。但他的发明受到德国科学家的质疑和嘲笑,使得他花了 5 年时间才得以公开发表该成果。

EEG 信号是突触后电位的累加,是多种神经来源的混合结果,也是与特定感觉、认知和运动事件相关的神经反应,形式是固定的,即 ERP。通过对一组被试的 EEG 波形进行叠加平均,那些随机产生的脑电信号、其他生物电信号和电磁干扰信号就会相互抵消,剩下与特定刺激相关的波形,用这种方法可以提取出清晰的 ERP 波形。这种波形有一系列正、负电压偏向,和潜在的成分有关,如图 2-6 所示(Luck,2014)。

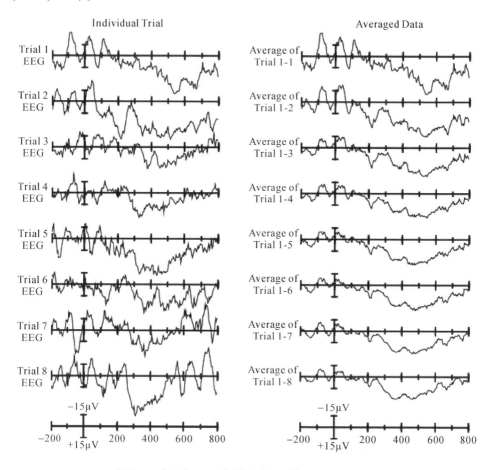

图 2-6　单试次 ERP 波形和叠加平均后的 ERP 波形

ERP 成分可以从潜伏期、振幅、极性、头皮分布等维度来描述。振幅一般以微伏(microvolt,物理学上用 μV 代表)为单位,反映了大脑对刺激的兴奋程度,是认知加工难易程度的指标:大脑兴奋度高,意味着对刺激的加工难度大;大脑兴奋度低,意味着对刺激的加工难度小。潜伏期一般以毫秒(millisecond,ms)为单位,反映的是大脑对给定刺激加工的时间进程,如开始时间、结束时间、持续时间等,是神经加工活动和认知加工速度的评价指标。极性(polarity),一般用正(Postive,P)、负(Negative,N)来代表。极性和认知过程没有直接关联,只是用来区分不同的成分走势。头皮分布,也被称为"脑地形图",是 ERP 波形在大脑的分布情况,反映的是认知加工的脑区来源。

ERP 技术用于神经认知研究具有明显的优点。(1)无创伤。脑电测量只是在头皮记录生物电。和其他测量手段,如微电极测量、经颅磁刺激等相比,ERP 对被试完全无伤害。(2)时间分辨率高。该技术可以以 ms 为单位实时记录大脑在某种刺激下的加工过程。这正是语言认知加工研究所需要的,这是磁共振功能成像等手段无法比拟的。(3)操作简单,费用低。相比较动辄上千万元的磁共振设备,脑电记录仪的费用较少,采集时操作也比较简单。尽管如此,ERP 技术也具有一定的缺点。最明显的缺点是 ERP 成分的功能意义实质上远没有行为反应的功能意义那么清楚。另外,ERP 的成分来源和分布也不精确(Luck,2014)。虽然 ERP 具有一些缺点,但该技术完全能满足本实验的需求。

2.3.2.2 语言加工相关的 ERP 成分

ERP 技术可以用于很多领域。用于语言研究时,常出现的 ERP 成分有 P50、N100、P200、P300、N400、P600、PEP(Prosodic Expectancy Positivity,韵律预期正波)等。这些成分的基本信息如下。

1. P50

P50 是在刺激出现后约 50ms 出现的一个正波,一般出现在听觉刺激中,用于感觉门控(Sensory Gating,SG)效应的测试。感觉门控是指在前注意阶段,大脑对外界刺激进行选择,过滤无关或重复的信息,避免信息过载的功能。具体地说,大脑对不断出现的重复刺激的反应会减小,但当新的刺激或偏差刺激出现时其反应又会增大(王红星等,2002;汪翠珠,2011)。

P50 是感觉门控常用的脑电指标。P50 振幅降低,表明对无关信息、冗余信息进行抑制和过滤,避免进入高级加工阶段。而 P50 振幅增强,表明对新异信息的识别,并促进该信息进入高层加工(谭淑平等,2010)。另外,也有实验发现预期会影响 P50 的幅值(汪翠珠,2011):大脑对符合预期的刺激会出现较小的 P50 波幅,而当探测出不符合预期的刺激时,会出现较大的 P50 波幅。

2. N100

N100（又称 N1）是一个主要分布在前中央区（fronto-central region），波幅在 80—120ms 之间，在 100ms 左右达到峰值的外源性（exogenous）负向波。该成分是哈佛大学的 Pauline A. Davis 在 1939 年首先记录到的（Davis，1939）。N100 被证实和听觉刺激的可预测性及声学特性有关，如噪声起始时间（Voice Onset Time，VOT）、响度等。

传统研究认为在 150ms 之前出现的成分都代表低层次加工，不会影响前额区的高层次的认知加工。但现在认识到大脑的枕叶皮层在 56ms 左右就能处理感觉信息，这里和额叶背侧相联系（Foxe & Simpson，2002）。另外也有实验发现（Blenner & Yingling，1994），前额皮层损伤的病人诱发出的 N100 会受到调整。这些研究表明，早期的听觉成分 N100 也会参与高层次的认知加工。在听觉信号中诱发 N100 成分，意味着大脑从声音信号中提取不同的声学特征，以便加工后期依据这些声学线索来整合出意义。

3. P200

P200（又称 P2）是一个主要分布在顶区（vertex region），波幅在 150—250ms 之间，在 200ms 左右达到峰值的外源性正向波。该成分可由听觉刺激、视觉刺激和体觉刺激诱发。之前的研究大多认为 P200 成分是 N100 成分的延续，被称为 N1/P1 成分，但随后的实验表明 P200 是一个独立的成分，是可以和 N100 从地形分布区分开来的（Vaughan et al.，1980）。

P200 被认为可以反映大脑对预期和实际进行对比的加工过程（Brown et al.，2000）。早期的实验也发现，语音信号响度、基频的提高，均会引起 P2 振幅的增强（Crowley & Colrain，2004）。

4. P300

P300（又称 P3）是一个主要分布在顶区，波幅在 250—500ms 之间，在 300ms 左右达到峰值的内源性（endogenous）正向波。该成分最早是在 20 世纪 60 年代被发现的（Sutton et al.，1965）。该成分又可以分成 2 个子成分，一个是主要分布在前额区的 P3a，另一个是主要分布在顶区的 P3b。P3a 被认为和注意力参与、刺激新奇等有关，而 P3b 主要和信息加工有关，如果事件非常不可能，则会诱发 P3b 成分。另外，P300 的潜伏期被认为表征了对目标刺激进行辨认、分类的速度。

5. N400

N400 是一个主要分布在中央区和顶区,波幅在 250—500ms 之间,在 400ms 左右达到峰值的内源性负向波。这个成分最早是 20 世纪 80 年代由 Marta Kutas 和 Steven Hillyard 在一个非预期阅读实验中发现的(Kutas & Hillyard,1980)。作者将一个预期很小的词放在句末,例如"他往咖啡里加了奶油和狗",实验假设是会诱发一个 P300,因为 P300 被认为是表征预期加工过程,但实际上诱发了 N400。N400 成分被认为主要反映了语义失匹配,但也和语境限制或句末词的概率有关,和刺激本身的物理属性无关。以往的研究主要认为 N400 可以应用在词或句子语境下,随后的研究认为 N400 也可以用于对话语境和非字面语言(如反语)理解中,例如借助 N400 的有无,来考察对话语境是否会立即影响句义理解,以及是否会延迟影响(Van Berkum et al. ,2009)。

6. P600

P600,又称为句法正漂移(Syntactic Positive Shift,SPS),是一个主要分布在中央区和顶区,波幅在 500—800ms 之间,在 600ms 左右达到峰值的内源性正向波。它不受刺激形态的影响,听觉或视觉刺激均可诱发。P600 被认为反映了句法违例加工和语用推理过程。除此之外,也反映花园小径(garden paths)的加工过程,即一个句子没有句法错误,但是存在不同的理解方式。当被试根据某一种理解方式加工时,在加工后期才能意识到加工错误,必须返回去重新用另一种方式来加工。

7. PEP

PEP 成分由 Kotz & Paulmann(2007)在实验中首先发现并命名。他们利用"交叉拼接"(cross spliting)范式产生情绪语句的韵律变化,形成语音情绪模式的期待违反。实验发现语句中情绪韵律的变化会诱发潜伏期约为 350ms 的正成分,即韵律期待违反正波。他们随后的研究证明该成分不受情绪类别、注意资源投入程度的影响(Paulmann & Kotz,2008;Paulmann et al. ,2012),且在基底节受损的患者中仍然存在该反应(Paulmann & Kotz,2008)。另外,Chen et al. (2011)发现在声调语言汉语中也存在韵律预期违反的脑电成分 PEP。

2.3.3 基于反语加工模型的 ERP 研究

对反语进行认知加工时,可以根据反语理解的 3 个模型理论做出 3 种不同的假设(Regel,2009)。基于标准语用模型,相对于非反语语言,反语加工时没有诱发早期成分,但会有 N400 成分和一个晚期正成分 P600。而根据直接获得模型,反语语言和非反语语言加工过程是一致的,不会出现 N400 或 P600 成分。而分级凸显模型则认为反语语言加工时会出现 N400 和 P600 成分。已有研究中存在很多根据这些假设开展神经认知实验的研究。

Cornejo et al.(2007)考察了不同理解策略对反语加工的影响。该文定义了 2 种理解策略,即全局型策略(holistic strategy)和分析型策略(analytic strategy)。全局型策略指被试听完刺激后,被要求评估听到的句子是否有意义、是否合理。而分析型策略指被试听完刺激后,须判断目标句和前面的情景是否一致。行为实验发现,使用全局策略的被试有 78% 的正确率,而使用分析型策略的被试只有 13% 的正确率。ERP 数据显示 2 种理解策略诱发了显著不同的脑电成分和地形分布:全局策略主要在左前和中央脑区产生负成分,而分析策略则在右后和中央脑区产生正成分 P300。这证明了不同的理解策略会影响反语的加工。

虽然标准语用假说和分级凸显假说均认为反语加工时会出现语义整合困难阶段,但很多 ERP 实验都没有发现反语加工存在语义整合困难,即没有出现 N400 效应。他们认为没有出现 N400 的原因是对话语境提供了充足的信息来识别反语。但没有语境的情况下,会不会出现 N400 成分呢?Simona & Balconi(2008)考察了没有语境只有独立目标句的情况下,反语理解的认知加工模式。该文设置反语目标句符合事实和违反事实 2 个条件,分别用反语语调和中性语调表达,让被试对 3 种条件(符合事实的非反语句、符合事实的反语句、不符合事实的反语句)的刺激进行加工。ERP 实验发现在所有条件下都有 N400 成分。但重复测量的方差分析发现在反语句和非反语句之间、符合事实和违反事实之间脑电波形的顶点振幅均没有显著差异。作者认为,N400 成分的缺失说明反语并不是被当作语义违反而加工的,因而该实验不支持标准语用假说。观测到的振幅差异,可能是因为在融合语义、韵律、语境线索时,需要更多的认知资源。但该实验在设计上存在 3 个缺陷。首先是被试数量太少。该实验招募了 12 名被试参加实验,且后期分析时又去除 2 名被试的数据,只获得 10 名被试的数据。其次,通过对该实验的 ERP 波形图观察,可以发现作者在数据处理时并未进行零点前的基线校准,这样产生的 ERP 波形曲线就无法进行比较。最后,该实验既没有设置填充材料,也没有增加理解任务,被试单纯地在听连续的语音刺激,这样就存在被试没有认真加工刺激的可能性。基于上述 3 个缺陷,笔者认为该实验的结果并不可靠。

除了设置无语境的独立目标句,还可以通过设置语境信息的强弱来考察韵律在反语理解中的作用这一问题。这种实验设计没有在神经认知实验中使用过,但有少数行为实验(Voyer et al. ,2016;Rivière et al. ,2018)使用了这种设计方法,用以考察语境对反语理解提供强信息或者弱信息(或者称为模糊信息)的作用。Voyer et al. (2016)通过设置3种语境(积极语境、消极语境、模糊语境)和2种韵律(反讽韵律、真诚韵律)考察了反讽的辨识率和反应时,目标句的字面均是积极的陈述,所以消极语境 + 目标句是一种强对比,模糊语境 + 目标句是一种弱对比。结果显示,在弱语境信息条件下,使用反讽韵律的目标句的辨识率会高于使用真诚韵律的目标句,同时反应时也会更短。这说明在语境信息不充分的情况下,韵律会促进反讽的理解和加工进程。而与之不同的是,Rivière et al. (2018)把反语倾向的语境设置为弱冲突和强冲突。该实验发现,在弱冲突语境条件下,反语表达使用反语韵律时,其识别率会显著高于中性韵律,但反应时数据表明,在弱冲突语境条件下,反语句使用反语韵律和中性韵律的反应时没有显著差异。这表明在语境信息不充分的情况下,韵律会提高反语的识别率,但在加工上并没有更加容易。

说话者使用反语频率不同,在表达时会具有不同的言语风格,这种说话者的风格会影响听话人对反语的理解。Regel et al. (2010)对此进行了 ERP 实验研究。该文将使用频率不同的反语定义为不同的交流风格。实验发现,当被试感知的反语表达来自平时不常用反语表达的说话者时,会产生较大的 N400 成分。而感知的反语表达来自平时常用反语表达的说话者时,被试在和非反语比较的情况下才会诱发更大的 P600。这说明说话者使用反语的频率导致的风格差异,会影响听话者理解反语的神经机制。

Regel et al. (2011)又考察了语境和韵律在反语理解中的作用。该实验通过交叉拼接范式,把语境和目标句交叉产生 4 种实验条件:反语倾向的语境 + 反语韵律的目标句;反语倾向的语境 + 真诚韵律的目标句;真诚倾向的语境 + 反语韵律的目标句;真诚倾向的语境 + 真诚韵律的目标句。ERP 结果显示,反语在关键词后250ms 会诱发额前脑区的负成分和 P600 成分,没有发现 N400。这证明没有出现语义加工困难。另外,该实验发现韵律条件的主效应和交互效应均不显著,这说明韵律在反语理解加工时不起作用。但该实验是在语境充足的情况下考察韵律作用的,可能是因为语境已经提供了足够的线索去辨识反语。

由于研究手段的进步及时频域分析手段的应用,电生理实验不仅可以研究

ERP 成分,也可以研究这些成分的构成频率。在一项反语加工的 ERP 和 TFA (Time Frequency Analysis)实验中(Spotorno et al.,2013),作者通过文本阅读的形式研究反语的加过程。ERP 成分分析发现,反语加工时没有出现 N400,但存在一个 P600 效应。在随后的 TFA 分析中,作者发现了反语加工时,在 280—400ms 之间,伽马波(gamma)能量会显著高于非反语,而在 500—700ms 之间,theta 能量会显著高于非反语(见图 2-7)。该文认为,显著增加的 gamma 能量意味着不同信息流(语言编码、语境编码)的整合发生在早期,而非传统理解的晚期。该结果大概可以解释以往大部分的反语脑电研究中 N400 成分的缺失情况。因为 N400 表征的是语义违反,而反语中实际上并不存在语义违反,但存在句义和话语语境违反。因此,N400 的缺失并不能说明反语加工不存在语义整合困难,也不能表明字面义没有激活,这对以往的反语理解模型理论提出了很大的挑战。

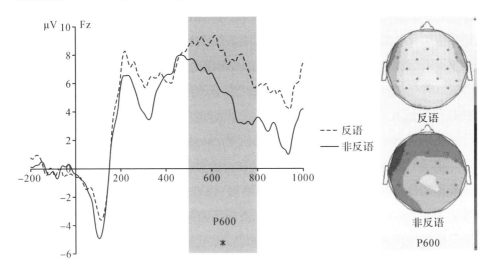

图 2-7 反语和非反语加工的 ERP 波形图及地形图

(Spotorno et al.,2013)

Rigoulot et al.(2014)考察了听者在判断口头表扬是真诚的(真正的赞扬)还是不真诚的(善意的谎言)意图时的认知加工机制。作者在 29 名被试听一系列"问题—回答"的语句时,采集他们的 EEG。回答句使用真诚或者不真诚的语调,被试判断该回答是否真诚。行为结果显示,韵律对于辨别表扬是否真诚确实会有效用。通过对脑电成分进行时间和空间分析,作者发现韵律对 P600 成分有显著影响,当回答是真诚时,P600 会显著大于不真诚的回答。通过低分辨率脑磁地形分析软件

（Low Resolution Electromagnetic Tomography，LORETA），作者发现这个脑电活动的来源是左岛叶。这和以往研究中发现的岛叶在感知谎言和遮遮掩掩时的作用一致。这些数据扩展了我们对限定语境的说话者感受意图推理的神经认知机制的认识。

Kaakinena et al.（2014）通过记录被试眼动数据，考察被试在阅读文本反语时的认知机制。当阅读完每篇短文后，被试回答针对目标短语的文本记忆问题和推理问题。该实验发现被试在加工反语目标句时，无论是首次扫视还是回视，均会比加工非反语句时具有更多的重读。该实验进一步发现，被试在加工反语句含义时，工作记忆能力起重要作用，而讽刺自我报告能力、认知需求能力不起作用。这些结果证明，反语加工时确实需要额外处理。

Adler et al.（2016）对反语的实时加工也进行了眼动研究。该文的研究目的是考察听者如何用语境信息实时理解反语。该研究招募了 35 名大学生作为被试，让被试先听反语故事或非反语故事，然后屏幕呈现该故事的图片，最后要求被试判断听到的评论是针对图片中的哪一个人物。通过记录被试的眼动数据，发现被试在听反语句子时会比听非反语句子时有更大的加工延迟。这个结果证明了听者是首先获得字面义，然后根据语境检索反语义。

对反语的认知研究使用比较普遍的实验设备是眼动仪。近几年也出现了结合眼动和脑电 2 种实验技术对反语进行考察的研究。例如，Filik et al.（2014）通过该技术探讨被试对熟悉和不熟悉的反语的加工机制是否相同。研究假设依据分级凸显模型，认为被试对熟悉的反语句理解会很快获得，无须额外的语用推理加工，而被试理解不熟悉的反语句时，字面义会首先被加工。字面义和语境的不匹配会导致句子的再次加工，从而获得反语义。该实验让被试阅读反语材料，采集其眼动数据，通过被试听反语语料，记录脑电数据。实验结果显示，在加工不熟悉的反语时，被试会出现眼动中断和 N400 效应。这表明对不熟悉的反语理解，听者需要额外的加工。

除了将眼动和脑电结合，也有研究将经颅直流电刺激和 ERP 结合起来考察反语的理解机制。很多研究发现，内侧前额叶是心智能力加工的核心区域。Baptista et al.（2018）通过经颅磁对该区域施加阳极、负极和虚假刺激，让被试阅读理解反语讽刺、反语调侃、直接批评和直接表扬 4 种语料。结果发现，在施加阳极刺激时，反语理解没有出现显著的 N400 成分，而在施加阴极刺激或虚假刺激时，反语理解出现了显著的 N400 成分。另外,不管施加何种刺激,反语理解产生的 P600 成分均没有变化。这说明内侧前额叶参与反语的语义加工,但不参与后期的再加工过程。同时也证明反语理解是分步加工的,首先是字面义加工,然后是语用的再加工。

除了研究健康被试的反语理解与加工,还有一些学者将反语研究的目光转向了特殊人群,如脑损伤患者(Shamay-Tsoory et al.,2005)、高功能自闭症儿童(Wang,2006)、神经退行性疾病患者(Shany-Ur et al.,2012)等。例如,Shamay-Tsoory et al.(2005)通过对不同程度脑损伤被试开展反语认知的实验,发现 25 名前额损伤的被试不能很好地理解反语,而后部脑损伤和健康组被试可以很好地理解反语。这说明前额脑区参与反语理解,而后部脑区未参与反语理解。在前额损伤患者中,表现最差的是右侧腹侧脑区损伤患者。前额损伤会导致心智缺陷,右侧损伤会影响情绪辨识,而反语理解正是综合应用了前额和右侧脑区。

此外,Rapp et al.(2010)通过磁共振功能成像,考察了精神分裂人格在反语加工时的神经相关关系。该实验通过招募 15 名右利手女性被试进行精神分裂人格测试(Schizotypal Personality Questionnaire,SPQ),获得精神分裂得分,然后让被试在核磁功能扫描时阅读短文,目标语料以反语陈述或字面陈述结尾。通过回归分析发现:(1)反语句子理解和非反语句子理解会激活不同的脑区;(2)精神分裂症患者在反语理解时的缺陷,不是由于心智加工障碍而是因为语言加工障碍。Del Goleto et al.(2016)通过反语理解的 ERP 实验,验证精神分裂症患者对语境加工的缺陷是因为他们心智能力的缺陷。其研究前提是反语理解是一个严重依赖语境加工的心智活动,反语理解困难可以代表语境加工困难。该实验任务是让被试阅读较短的故事,以非反语、反语或者无关表述结尾的短文,记录下他们的脑电信号。结果发现,在低程度精神分裂组中,语境会诱发一个显著的 N400 和一个与语用相关的 P600,而在高程度精神分裂组中,既没有 N400,也没有 P600,如图 2-8 所示。这说明精神分裂谱系障碍人群中,语境加工和心智能力有较强的关系,对反语理解起重要作用。

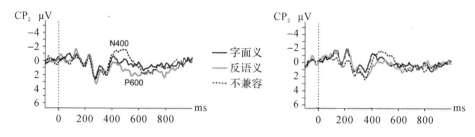

图 2-8　精神分裂被试反语加工的脑电波形图

（左为低程度精神分裂组，右为高程度精神分裂组）

自闭症被试一般被认为具有语用推理缺陷，Wang（2006）让自闭症儿童听一段情景录音，然后判断说话者表达的内容是真诚还是反语。情景录音有 3 种变化：第一种是包含了语境信息和强烈的韵律线索；第二种是仅有语境信息，没有韵律线索；第三种是仅有韵律线索，没有语境信息。行为实验发现，尽管自闭症儿童表现超过机遇水平，但明显低于典型发展儿童，尤其缺乏利用语境的能力。通过磁共振功能成像发现，自闭症被试比典型发展被试更大程度地激活了额下回及双侧颞区。这表明自闭症儿童在理解这些句子时存在更努力的加工过程，也表明他们在理解这些交际意图时存在困难。而一项对阿斯伯格型自闭症青少年的反语理解研究（Braun et al.，2019）发现，阿斯伯格型自闭症被试在判断真诚句时，正确率会显著高于健康组被试，但他们在判断反语句时，正确率却没有显著低于健康组被试。该文认为可能的原因是阿斯伯格型自闭症和其他类型的自闭症具有不一样的表现，或者他们选的被试不具有代表性。

2.4　本章小结

本章从 3 个角度梳理了反语语音的研究现状。从韵律声学特征的角度看，反语的研究主要集中在解决 2 个问题。第一个问题是是否存在可以表征反语的区别性韵律特征。有的研究认为单独使用韵律可以实现反语表达，所以存在具有区别作用的反语韵律特征。也有观点认为不存在这种韵律特征，仅通过韵律不能很好地表达反语义，反语表达和理解时也不需要加工韵律信息。第二个问题是在承认存在反语韵律的前提下，反语韵律到底具有怎样的声学特征。到目前为止，这个问题也没有得到一致的结论。不同语言下的反语表达、不同类型的反语表达，以及不同语料的反语表达结果均不一致。韵律声学特征混乱的一个重要原因就是术语使用的混乱和分类不清。对反语和反讽的混用、错用,导致不同的研究中同一个术语实际上指的是反语的不同子类,这样自然会造成结论混乱。当然,结论混乱的原因还有很多,例如发音人性别、个体差异等,因此需要在新的研究中加以控制。

从理解感知的角度看,影响反语理解的因素主要有2类。第一类是语言学因素,例如陈述和疑问句式表达的反语会有不同的理解结果。不同语言线索的对比冲突也会导致反语理解结果的不同,例如语境和语义的冲突是反语理解的最主要线索,而语境和韵律的冲突在反语理解中的作用既被考察得较少,又具有较多不同意见。韵律究竟是发挥辅助语境的作用,还是会取代语境,发挥主要作用,值得进一步验证。第二类是非语言因素,例如反语使用者的说话风格(如反语使用频率高低)、自身语用能力或情商、智商高低,均会影响反语表达的理解。说话者是否具有外语口音,也会影响听话者对其反语表达的理解感知。

从认知神经加工的角度看,反语的研究主要围绕反语加工的3个模型来验证语境、语义在反语加工中的相对作用。大部分的研究问题都是集中回答语境是否起作用,若起作用,其是首先起作用,还是在字面语义加工后再起作用,以及语境加工后,是否会持续发挥作用等问题。

综合这3个研究角度来看,反语语音的研究还有一个比较明显的特征,那就是目前针对汉语的反语语音研究十分匮乏,利用认知神经的手段针对汉语反语的研究几乎空白,或者只有单篇学位论文。国内对反语的研究更多的是对国外研究理论、研究方法的评介性论文,或是从修辞学的角度对文学作品中的反语使用进行探讨。但有调查研究发现,汉语中的反语使用频率在13%,甚至在18%左右,而相同场景下,日语中的反语使用频率只有3%左右,即使是被广泛研究的英语,其反语使用频率也只有8%左右。因此,在反语使用更加频繁的中国,研究汉语反语的表达和理解机制显得十分迫切和必要。基于这个研究现状,本书将着眼于韵律这个影响因素,考察其在汉语反语表达中的作用,以期对反语研究做一点推进。

3 反语表达的韵律声学分析实验

3.1 研究背景及研究问题

对反语韵律特征的分析可以追溯到约 50 年前（Cutler，1974，1976）。Culter 通过主观感受，总结出反语具有较重的重音、更慢的语速和鼻化现象。早期，研究者们一般通过主观判断来分析反语语音韵律特征，如今出现了大量更加客观的声学测量方法用以分析反语语音韵律特征。

但现有研究对反语的韵律特征描写还存在很多不一致的结果。例如，关于基频，研究发现意大利语、粤语、法语中反语的基频均值比非反语更高（Anolli et al.，2000，2002；Cheang & Pell，2009），而英语中的结果比较复杂，既有反语的基频均值会更低的结果（Rockwell，2000；Attardo et al.，2003；Cheang & Pell，2008；Chen & Boves，2018），也有会更高的结果（Bryant & Tree，2005）。

音强在反语中的表现也存在不一致。Rockwell（2000）发现反语的音强会更高，而 Cheang & Pell（2008）发现英语中反语和非反语的音强没有差异，但在粤语中反语的音强标准差和音强范围均会比非反语更低。

目前结论最为一致的韵律特征便是语速。现有的韵律分析实验均发现反语的语速会更慢。反语的语速变慢的主要原因是，语速降低会给听者更多时间去加工相对多的包含在反语中的命题承载（Haiman，1998；Bryant，2010）。

很早就有研究发现嗓音特征在反语表达中具有特殊的作用（Cutler，1974；Schaffer，1982；Haiman，1998），但直到 2008 年后，才有部分语音实验的研究考察了反语表达中的嗓音特征（Cheang & Pell，2008，2009；Niebuhr，2014），而且考察的嗓音参数还不够系统。

虽然已有大量研究表明，反语具有一系列的区别性韵律特征，但是统计上具有区别性的韵律特征是否在反语辨识中发挥作用，还需要通过机器学习的方法来验证。例如，Tepperman et al. (2006) 利用语音韵律、频谱和语境信息 3 种线索来自动识别反语。该文借助决策树算法，单独测试每种线索和同时测试 3 种线索的作用。结果显示，单独依靠韵律线索识别反语的正确率是 69%，单独依靠语境时的识别率为 84%，单独依靠频谱信息时的识别率为 77%，而同时使用 3 种线索时反语的识别率为 86%。该文认为，单独依靠韵律不能很好地识别反语，而当语境信息和频谱线索结合时，反语的识别率最高（87%）。

但是,Rakov & Rosenberg(2013)认为 Tepperman et al. (2006)利用的语料库存在反语界定不明确、语料不自然的缺陷。为了克服这些缺陷,Rokov & Rosenberg(2013)从电视节目中抽取有声语料,以保证语料的自然度。作者从电视节目中提取了 150 句话(75 句反语表达、75 句真诚表达)组成语料库,从句子层面提取基频的均值、标准差、范围,音强的均值、标准差和范围,语速等声学参数。同时对每个音节的基频曲线和音强曲线利用二阶勒让德多项式进行拟合,然后用 K-means 聚类算法对多项式系数进行聚类,该方法被有效地用于说话者识别和说话风格识别。结果显示,结合句子层面的韵律特征和音节层面的韵律特征,反语识别率可以达到81.57%。这说明韵律特征可以很好地用来识别反语。另外,作者通过不同特征参数的重要性排序发现,基频范围是反语识别中重要性最高的声学参数。

综上可以发现,反语的韵律研究有 3 个特点。第一,至今没有发现较为一致的韵律特征,不同语言可能存在差异性(如粤语、德语),甚至同一种语言的结果也存在不一致。很多语言都开展了反语韵律特征研究,而汉语的相关研究还很少看到。第二,还没有系统地对反语进行嗓音分析。第三,反语和反讽的术语混用。比如Chen & Boves(2018)使用了反讽的术语,但实际上研究的是反语。而Cheang & Pell(2008,2009)等其他研究则区分了反语和反语讽刺(简称"反讽")。这种术语的混用也是韵律研究结果不一致的原因。因此,本章研究的问题有 3 个:

(1)汉语中的反语韵律具有什么样的特征? 不同类型的反语是否具有不同的韵律特征?

(2)汉语中的反语语音是否具有特殊的嗓音特征?

(3)声学分析中发现的韵律特征在多大程度上可以用于反语辨识?

3.2　语料设计及采集

3.2.1　发音被试

本实验招募了 24 名被试作为发音人,其中男、女各 12 名。发音被试的平均年龄为 24.8 岁,标准差为 1.4 岁。所有被试均系研究生,普通话水平达到二级甲等及以上,均没有受过专业的表演训练,其中 1 名男性被试在本科阶段有过短暂的校园电台广播经历。所有被试均签订知情同意书,录音结束后每人获得适当的报酬。

3.2.2　语料设计

实验设计了包含 60 个字面含义为积极、赞扬的陈述句和 60 个字面含义为消极、批评的陈述句的反语语料库(目标句汇总表见附录一)。120 个目标句均在 6—11 个音节之间(平均音节数为 8.2,标准差为 1.1),每个句子表达褒贬含义的词(或短语)为该句的关键词(或短语),均为单音节或双音节,全部落在句末。

语料对话如表 3-1 所示,针对每一对目标句,实验均设计了一个合适的情景语境(实验语料文本示例见附录二),该语境包含 2 个对话者(发音人和对话人 A)的人物关系、对话发生的背景以及对话过程。目标句是发音人对 A 的行为或话语的评价。面对描述的是一个积极、正面的情景语境,对话者使用字面含义为积极、赞扬的陈述句评论时,即为"真诚赞扬",对话者使用字面含义为消极、批评的陈述句回应时,则为"反语调侃"。面对描述的是一个消极、负面的情景语境,对话者使用字面含义为消极、批评的陈述句回应时,即为"真诚批评",对话者使用字面含义为积极、赞扬的陈述句回应时,则为"反语讽刺"。

表 3-1　反语语料设计示例

消极、负面的情景语境	目标句	语句类型
你是 A 的家长。考试前,A 不复习,在玩电脑游戏。你责怪他,说这样肯定考不好,但 A 说自己都已经复习好了,这次肯定能考满分。而考试结束后,A 却考了 59 分。回家后,你看着他的成绩单,气愤地对 A 说:	你考得果然不好!	真诚批评
	你考得果然不错!	反语讽刺
积极、正面的情景语境	目标句	语句类型
你和 A 是同学。考试后,A 担忧地告诉你,说自己没有复习好,估计这次考试考不好,而你却认为,A 以前一直都是班里的尖子生,每次成绩都很好,这次肯定还能考高分。成绩发布后,你发现 A 竟然考了 98 分,你笑着对 A 说:	你考得果然不错!	真诚赞扬
	你考得果然不好!	反语调侃

3.2.3　语料评估

对文本情感效价(affective valence)的验证,可以确保语料的字面情感的有效性。本实验利用大连理工大学信息检索研究室开发的"中文情感词汇本体库"(陈建美,2009),对语料文本的字面情感进行验证。该词库包含 7 大类 21 小类情感,共 27466 个情感词,是目前已公开的较大的中文情感词汇库。其中包含本书语料的 2 类情感:赞扬和贬责。该库的另一个优点是,除了标记词语的情感类别,还有情感极性标注(0 代表中性,1 代表褒义,2 代表贬义,3 代表兼有褒贬义)和情感强度(分为 1、3、5、7、9 五档,其中 1 表示强度最小,9 表示强度最大)。

由于本实验 120 个目标句的情感词均是句末形容词,因此首先把 60 个字面赞扬和 60 个字面批评的目标句进行切词,提取出句末形容词,再将 120 个情感词在"中文情感词汇本体库"的词条中查询,结果显示:

(1)120 个情感词(或近义词)在该库中存在 7 个未登录词。本实验的情感词的覆盖率为 94.17%。

(2)60 个字面赞扬的目标句,句末形容词除 3 个未登录词外,均被标记为赞扬、快乐等正面类别,平均强度为 4.6,强度标准差为 1.75。

(3)60 个字面批评的目标句,句末形容词除 4 个未登录词外,均被标记为贬责、愤怒或憎恶等负面类别,平均强度为 4.84,强度标准差为 2.07。

经过"中文情感词汇本体库"验证,本实验设计的语料,其字面义的褒扬和批评的情感效价符合实验目的。

3.2.4 信号采集方法

采集分为 2 个部分进行,第一个部分分别录制真诚赞扬、真诚批评、反语调侃、反语讽刺的目标句,且 4 种类型之间的顺序随机排列。第二个部分录制没有语境的、尽可能以中性平静的口气朗读的目标句。第一个部分和第二个部分的语料采集顺序相互平衡。

为了在录制中性朗读语料时减少文本语义的影响,本实验将字面积极和字面消极的目标句随机混合起来,尽可能避免被试根据字面义的态度偏向而产出韵律偏向。

语料的信号采集分为语音信号和声门阻抗信号,通过专业声卡同步实时采集。语音信号和声门阻抗信号保存为 Windows PCM WAV 格式,立体声(左声道为语音信号,右声道为声门阻抗信号),采样率为 44100Hz,16bit 量化精度。

3.2.5 语音信号切分与标注

对于完整的语音和嗓音信号首先利用 Adobe Audition 的标记功能,标出每个目标句的时间点位置,然后把每个目标句导出为单独的 WAV 文件,共 8640 个目标句(24 名发音人,每名发音人产出反语讽刺、反语调侃、真诚赞扬、真诚批评、中性朗读的赞扬、中性朗读的批评 6 种语句类型,每种语句类型 60 个句子)。

切分后的语音信号使用 X-Segmenter(熊子瑜,2019)进行对齐和标注。该工具采用 Perl 脚本语言编写,主要用于大规模语料库的标注工作,可以提高标注效率,并保持标注内容的一致性。X-Segmenter 通过调用剑桥大学工程系开发的隐马尔可夫模型(Hidden Markov Model,HMM)的工具包(Hidden Markov Model Toolkit,HTK),并基于用户提供的文本字典信息,训练生成 HMM 模型,然后对音段进行强制对齐,最后转写为 Praat 专用的标注文件(∗.TextGrid),包含汉字层、音节层和声韵层。为了考察反语的声学特征是否在关键词位置上具有更显著的区别作用,对每个目标句同时标注出关键词位置和非关键词位置。

通过 X-Segmenter 标注的语音信号还不能直接使用,仍需要人工检查。本实验招募 8 名受过标注训练的语音学研究生,对 X-Segmenter 的结果进行检查和再标注。为确保标注者标注结果的统一性和可靠性,除了由笔者统一培训外,标注完成后,笔者统一对 8 名标注人所做的所有标注文件进行第三次检查和再标注,形成最终标注文件。图 3-1 给出了一个语音信号切分标注的例子。

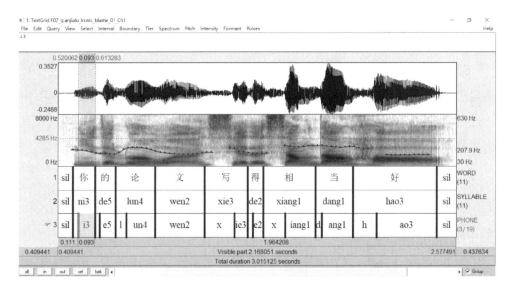

图 3-1　语音信号切分标注示意图

3.3 韵律参数定义

3.3.1 基频参数

基频(一般表示为F0)是指单位时间内声带振动的频率,单位为赫兹(Hertz, Hz),也可以指单位时间内声门(glottis)开启和关闭形成的周期的数量。基频被认为是韵律最重要的声学相关物。本实验使用以下基频参数:

(1) 基频均值(F0_mean)、基频标准差(F0_std),分别代表单个句子内,基频随着时间变化的平均值和变异程度。

(2) 基频范围(F0_range),即调域(pitch range),代表了句内基频波动的取值范围。

由于基频自动提取算法(自相关算法)的缺陷,需要在基频提取之后对基频文件进行人工检查和修正,以避免基频提取错误或提取失败的问题。基频检查主要是根据波形的周期查看基频点是否存在和基频值是否恰当,所有检查均在 Praat 中完成。

3.3.2 时长参数

前人对于反语韵律特征的研究存在很多不同的结果,其中对时长参数的分析结果最不一致。因为设计的目标句的字数不一致,所以语句的绝对时长不具有可比性。但是,语速参数不受句子字数的影响,因此本实验使用该参数,并将其定义为每秒钟所产出的音节数。计算公式为:

$$语速 = \frac{该句音节总数}{该句总时长}$$

3.3.3 音强参数

音强,又称"振幅",是指声音的强弱,由声带振动的幅度决定,单位为分贝(dB)。本实验使用的音强参数如下:

(1) 音强均值(intensity_mean)、音强标准差(intensity_std):单个句子内,每帧音强的平均大小和离散程度。

（2）音强范围（intensity_range）：单个句子内，音强随时间变化的范围。

3.3.4 噪音参数

频谱斜率（spectral tilts）是指语音信号在频率谱上的陡峭程度。该参数一般认为可以表征不同的发声态。常用的频谱斜率参数为 H1—H2 和 H1—A1。其中，H1、H2 代表频谱上的第一、第二谐波能量，A1 代表频谱上第一共振峰的能量。为了使频谱斜谱参数可以在不同人、不同音素之间比较，谐波或共振峰振幅需要进行校正。本实验使用 VoiceSauce 内置的校正方法，技术细节参照 Iseli & Alwan（2004，2006，2007）。下文提及的 H1—H2、H1—A1 均是校正后的谐波频率差值。

基频抖动（jitter）是指语音信号的基频在连续周期上的不规则变化，振幅抖动（shimmer）是指语音信号的振幅在连续周期上的不规则变化。

谐波噪声比（Harmonic Noise Ratio，HNR）是指声音信号中谐波成分和噪声成分的能量比例，单位为分贝。HNR 可以衡量噪声成分的相对含量（Awan & Frenkel，1994；Ferrand，2002）。HNR 越低，声音中噪声成分越多。

次谐波谐波比（Subharmonic-to-Harmonic Ratio，SHR）是指次谐波和谐波的比值，单位为分贝（Sun，2002）。SHR 可以衡量语音信号中的脉冲成倍叠加程度，和听感上的"粗糙度"有关。

闭商（Closed Quotient，CQ）是基于 EEG 信号提取的噪音参数，指关闭相和整个声门周期的时间比值。CQ 一般被用来评估声带收紧程度，较大的 CQ 代表更紧的嗓音特征，而较小的 CQ 代表更松的嗓音特征。

闭相增长峰值（Peak Increase in Closure，PIC）也是基于声门阻抗信号提取的嗓音参数，指 EEG 信号的一阶导数上的正峰值。PIC 参数的优势在于可以基于 EEG 信号上的起伏标记。该参数被认为可以区分嘎裂质和气化音质，较大的 PIC 是嘎裂（creaky）的重要标志。

3.4 参数提取及统计

3.4.1 声学参数提取方法

对基频、时长和音强的提取均通过自编 Praat 脚本在语音信号上自动提取。对于 jitter 和 shimmer,由于有研究表明,通过 EEG 信号提取比通过语音信号提取更加可靠(Hosokawa et al.,2014),因此本实验是通过自编 Praat 脚本在 EEG 信号上自动提取的。

对于 H1—H2、H1—A1、SHR、HNR 的嗓音参数,均是利用 VoiceSauce 工具箱在语音信号上自动提取,CQ 和 PIC 均利用 EEGWorks 工具箱在 EEG 信号上提取。

3.4.2 差异性统计分析方法

以上所有声学参数,均提取自语料的韵母段,然后根据句子平均,作为推断统计的因变量。对每个因变量,均利用 R 程序中的 lme4 包(Bates et al.,2018)建立线性混合模型,以推断出反语和非反语之间是否具有显著性差异。每个模型的固定效应设置为语句类型(反语、非反语)、位置[①](关键词、非关键词)和性别(男性发音人、女性发音人),模型以发音人、句子作为随机效应因子,以语句类型和位置作为随机效应斜率来达到最大化随机结构。为了得到模型收敛,随机结构仅保留随机截距。

为了得到固定效应的显著性(p-value),本实验使用 lmerTest 包(Lenth,2016)的"anova"函数计算,同时使用 Satterthwaite 逼近算法决定自由度。当交互效应显著时,使用 emmean 包(Lenth et al.,2018)进行简单效应比较,所有的多重比较的 p 值,均采用 Tukey 方法校正。

[①] 模型中纳入"位置(关键词位置、非关键词位置)"这个变量,是因为有研究(Bryant & Tree,2002,2005;Mauchand et al.,2018)认为,反语表达的韵律特征主要体现在局部特征上,而不是在全局特征上。因此,为了考察局部的关键词位置和非关键词位置的韵律特征,特增加位置这一变量。

3.4.3 分类判别分析方法

为了得出所有声学参数在反语辨识中的相对贡献,本实验采用机器学习中常用的分类算法"随机森林"进行判别分类。R 语言有很多成熟的工具包可以实现,本实验使用 randomForest 包(Liaw & Wiener,2018),该算法已经在语言学领域使用(Tagliamonte & Baayen,2012;Brown et al.,2014;Tsanas et al.,2014),具有操作简单、训练时间较快、正确率较高等优点。

首先把声学数据按照 7∶3 的比例分为训练集和测试集。然后在测试集数据上,训练出每棵树分裂的参数 mtry,训练时模型的其他参数均保持默认。最后用最终的训练参数,在测试集上计算出最终的辨识率和混淆矩阵。

3.5 反语讽刺的韵律特征结果

3.5.1 差异性统计分析

通过线性混合模型,分析反语讽刺和真诚表达之间不同的韵律特征,差异的显著性统计结果分别见表 3-2(基频)、表 3-3(时长)、表 3-4(音强)、表 3-5 至表 3-7(嗓音)。

3.5.1.1 基频结果

字面表扬句在不同语句类型下基频均值、标准差和范围的统计结果如表 3-2 所示。

表 3-2　字面表扬句在不同语句类型下基频均值、标准差和范围的统计结果

因素	F0_mean		F0_std		F0_range	
	F value	p	F value	p	F value	p
语句类型	1495.334	< 0.0001	400.936	< 0.0001	249.366	< 0.0001
位置	92.611	< 0.0001	2724.374	< 0.0001	3110.114	< 0.0001
性别	15196.952	< 0.0001	511.870	< 0.0001	761.018	< 0.0001
语句类型×位置	7.244	0.0071	182.692	< 0.0001	122.998	< 0.0001
语句类型×性别	71.737	< 0.0001	3.612	0.0574	1.671	0.1962
位置×性别	0.127	0.7214	92.136	< 0.0001	156.040	< 0.0001
语句类型×位置×性别	0.887	0.3462	5.666	0.0173	4.784	0.0288

1. 基频均值(F0_mean)

语句类型在基频均值上的主效应显著[$F(1,5682)=1495.334, p<0.0001$]。事后检验显示,反语讽刺的基频均值为185.5Hz,显著低于真诚表达($\beta=-25.4$Hz, $t=-38.67, p<0.0001$)。

语句类型和位置的交互效应显著[$F(1,5682)=7.244, p=0.071$]。多重比较结果表明,反语讽刺的基频均值在关键词位置($\beta=-27.1$Hz, $t=-29.247, p<0.0001$)和非关键词位置($\beta=-23.6$Hz, $t=-25.44, p<0.0001$)均显著低于真诚表达,而且在关键词位置的差异大于在非关键词位置的差异,如图3-2a所示。

语句类型和性别的交互效应显著[$F(1,5682)=71.737, p<0.0001$]。多重比较结果显示,无论男、女发音人,反语讽刺的基频均值显著低于真诚表达,且女性发音人的差异($\beta=-30.9$Hz, $t=-33.338, p<0.0001$)大于男性发音人($\beta=-19.8$Hz, $t=-21.351, p<0.0001$),如图3-2b所示。

但语句类型、位置、性别的三阶交互效应不显著($p=0.3462$)。

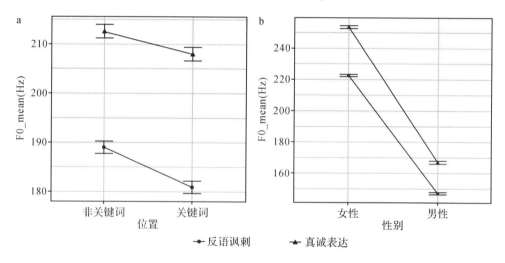

图3-2　不同位置和不同性别上反语讽刺和真诚表达的基频均值的误差图

2. 基频标准差(F0_std)

语句类型在基频标准差上的主效应显著[$F(1,5682)=400.936, p<0.0001$]。事后检验显示,反语讽刺的基频标准差为31.7Hz,显著低于真诚表达($\beta=-8.01$Hz, $t=-20.023, p<0.0001$)。

语句类型和位置的交互效应显著[$F(1,5682)=182.692, p<0.0001$]。多重

比较显示,反语讽刺的基频标准差在关键词位置($\beta = -13.4\mathrm{Hz}, t = -23.716, p < 0.0001$)和非关键词位置($\beta = -2.6\mathrm{Hz}, t = -4.601, p < 0.0001$)均显著低于真诚表达,而且在关键词位置的差异比非关键词位置更大。

语句类型和性别的交互效应显著[$F(1,5682) = 3.612, p = 0.0574$]。多重比较结果表明,无论男、女发音人,反语讽刺的基频标准差均显著低于真诚表达,且女性发音人的差异($\beta = -8.77\mathrm{Hz}, t = -15.505, p < 0.0001$)大于男性发音人($\beta = -7.25\mathrm{Hz}, t = -12.813, p < 0.0001$)。

语句类型、位置、性别的三阶交互效应也显著[$F(1,5682) = 5.666, p = 0.0173$]。简单效应分析(见图3-3)表明,无论男、女发音人,反语讽刺的基频标准差在非关键词位置和关键词位置均显著低于真诚表达,而且在关键词位置的差异大于在非关键词位置的差异。

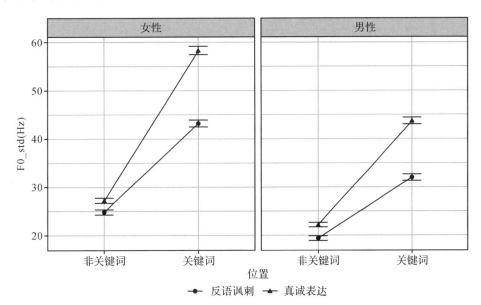

图3-3　不同位置和不同性别上反语讽刺和真诚表达的基频标准差的误差图

3. 基频范围(F0_range)

语句类型在基频范围上的主效应显著[$F(1,5682) = 249.366, p < 0.0001$]。事后检验发现,反语讽刺的基频范围为105Hz,显著低于真诚表达($\beta = -20\mathrm{Hz}, t = -15.791, p < 0.0001$)。

语句类型和位置的交互效应显著[$F(1,5682) = 122.998, p < 0.0001$]。多重

比较表明,反语讽刺的基频范围在关键词位置($\beta = -34.09$Hz$, t = -19.008, p < 0.0001$)和非关键词位置($\beta = -5.95Hz, t = -3.324, p = 0.0009$)均显著低于真诚表达,而且在关键词位置的差异比非关键词位置的差异更大。

语句类型和性别的交互效应不显著[$F(1,5682) = 1.671, p = 0.1962$]。但语句类型、位置、性别的三阶交互效应显著[$F(1,5682) = 4.784, p = 0.0288$]。简单效应分析(见图3-4)发现,无论男、女发音人,反语讽刺的基频范围在非关键词位置和关键词位置均显著低于真诚表达,而且在关键词位置的差异均大于在非关键词位置的差异。

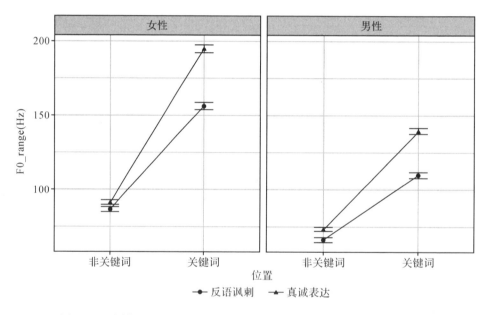

图3-4　不同位置和不同性别上反语讽刺和真诚表达的基频范围的误差图

3.5.1.2　时长结果

时长的统计结果如表3-3所示,语句类型在语速上的主效应显著[$F(1,5682) = 2855.600, p < 0.0001$]。事后检验表明,反语讽刺的语速为4.68音节每秒,显著慢于真诚表达($\beta = -1.24, t = -53.438, p < 0.0001$)。

表 3-3　字面表扬句在不同语句类型下语速的统计结果

因素	F value	p
语句类型	2855.600	<0.0001
位置	10508.328	<0.0001
性别	248.627	<0.0001
语句类型×位置	1.178	0.2778
语句类型×性别	72.379	<0.0001
位置×性别	28.752	<0.0001
语句类型×位置×性别	22.840	<0.0001

语句类型和位置的交互效应不显著[$F(1,5682)=1.178, p=0.2778$]。但语句类型和性别的交互效应显著[$F(1,5682)=72.379, p<0.0001$]。多重比较分析发现,无论男、女发音人,反语讽刺的语速均显著慢于真诚表达,而且男性发音人的差异更大(男:$\beta=-1.44, t=-43.794, p<0.0001$。女:$\beta=-1.04, t=-31.776, p<0.0001$)。

语句类型和位置、性别的三阶交互效应也显著[$F(1,5682)=22.840, p<0.0001$]。简单效应分析(见图 3-5)表明,无论男、女发音人,反语讽刺的语速在非关键词位置和关键词位置均显著慢于真诚表达,而且男性发音人的语速差异在 2 个位置上的差异量级均大于女性发音人。

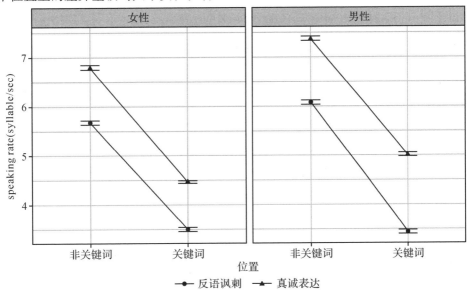

图 3-5　不同位置和不同性别上反语讽刺和真诚表达的语速的误差图

3.5.1.3 音强结果

音强的统计结果如表3-4所示。

表3-4　字面表扬句在不同语句类型下音强均值、标准差、范围的统计结果

因素	intensity_mean		intensity_std		intensity_range	
	F value	p	F value	p	F value	p
语句类型	146.273	<0.0001	54.073	<0.0001	89.935	<0.0001
位置	1204.682	<0.0001	739.187	<0.0001	577.261	<0.0001
性别	197.089	<0.0001	49.561	<0.0001	11.166	0.0008
语句类型×位置	0.066	0.7970	6.883	0.0087	1.836	0.1755
语句类型×性别	26.919	<0.0001	14.270	0.0002	2.454	0.1173
位置×性别	0.021	0.8862	2.862	0.0908	3.249	0.0715
语句类型×位置×性别	19.872	<0.0001	1.744	0.1867	0.004	0.9473

1. 音强均值(intensity_mean)

统计结果显示,语句类型在音强均值上的主效应显著[$F(1,5682) = 146.273$, $p < 0.0001$]。事后检验表明,反语讽刺的音强均值为62.4dB,显著低于真诚表达($\beta = -0.935\text{dB}, t = -12.094, p < 0.0001$)。

语句类型和位置的交互效应不显著($p = 0.7970$)。但语句类型和性别的交互效应显著[$F(1,5682) = 26.919, p < 0.0001$]。多重比较显示,无论男、女发音人,反语讽刺的音强均值均显著低于真诚表达,而且女性发音人的差异($\beta = -1.336\text{dB}, t = -12.223, p < 0.0001$)大于男性发音人($\beta = -0.534\text{dB}, t = -4.882, p < 0.0001$)。

语句类型、位置、性别的三阶交互效应也显著[$F(1,5682) = 19.872, p < 0.0001$]。简单效应分析(见图3-6)表明,无论男、女发音人,反语讽刺的音强均值在非关键词位置和关键词位置均显著低于真诚表达,而且女性发音人的差异均大于男性发音人的差异。另外我们发现,对于男性发音人来说,在非关键词位置的音强差异大于关键词位置,但对于女性发音人来说,在非关键词位置的音强差异小于关键词位置。

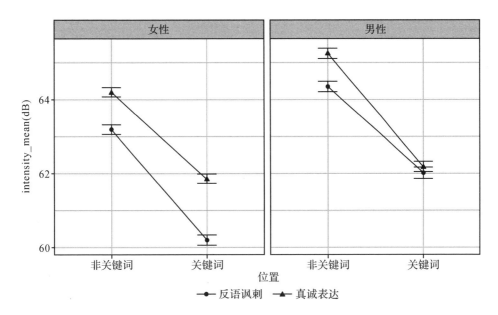

图 3-6　不同位置和不同性别上反语讽刺和真诚表达的音强均值的误差图

2. 音强标准差(intensity_std)

统计结果显示,语句类型在音强标准差上的主效应显著[$F(1,5682)=54.073,p<0.0001$]。事后检验显示,反语讽刺的音强标准差为 7.38dB,显著大于真诚表达($\beta=0.357$dB,$t=7.353,p<0.0001$)。

语句类型和位置的交互效应显著[$F(1,5682)=6.883,p=0.0087$]。多重比较(见图 3-7)显示,反语讽刺的音强标准差在关键词位置($\beta=0.485$dB,$t=7.055,p<0.0001$)和非关键词位置($\beta=0.23$dB,$t=3.345,p<0.0001$)均显著大于真诚表达,而且关键词位置的差异量级大于非关键词位置。

语句类型和性别的交互效应也显著[$F(1,5682)=14.270,p=0.0002$]。多重比较分析(见图 3-7)表明,无论男、女发音人,反语讽刺的音强标准差均显著大于真诚表达,而且女性发音人的标准差差异($\beta=0.541$dB,$t=7.872,p<0.0001$)大于男性发音人($\beta=0.174$dB,$t=2.528,p=0.0115$)。

语句类型、位置、性别的三阶交互效应不显著($p=0.1867$)。

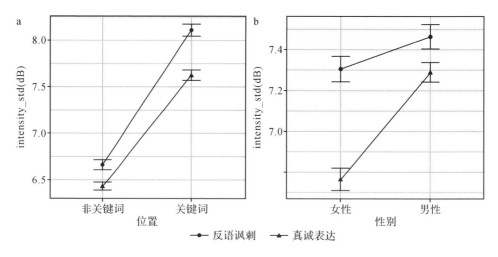

图 3-7　不同位置和不同性别上反语讽刺和真诚表达的音强标准差的误差图

3. 音强范围(intensity_range)

统计结果表明,语句类型在音强范围上的主效应显著[F(1,5682)=89.935, $p<0.0001$]。事后检验发现,反语讽刺的音强范围为 32.4dB,显著大于真诚表达($\beta=1.96$dB, $t=13.695$, $p<0.0001$)。

语句类型和位置的交互效应不显著($p=0.1755$)。语句类型和性别的交互效应不显著($p=0.1173$)。语句类型、位置、性别的三阶交互效应也不显著($p=0.9473$)。

3.5.1.4 嗓音结果

1. 第一、第二谐波差值(H1—H2)

线性混合模型的统计结果如表 3-5 所示,语句类型在 H1—H2 上的主效应显著[F(1,5682)=33.950, $p<0.0001$]。事后比较分析发现,反语讽刺的 H1—H2 为 3.69dB,显著高于真诚表达($\beta=0.381$dB, $t=5.827$, $p<0.0001$)。

表 3-5　字面表扬句在不同语句类型下 H1—H2、HNR、SHR 的统计结果

因素	H1—H2		HNR		SHR	
	F value	p	F value	p	F value	p
语句类型	33.950	<0.0001	366.249	<0.0001	426.736	<0.0001
位置	146.900	<0.0001	303.669	<0.0001	112.094	<0.0001
性别	18.190	<0.0001	3678.845	<0.0001	1442.059	<0.0001
语句类型×位置	15.174	<0.0001	47.160	<0.0001	0.188	0.6648

续　表

因素	H1—H2		HNR		SHR	
	F value	p	F value	p	F value	p
语句类型×性别	203.967	<0.0001	28.981	<0.0001	15.385	<0.0001
位置×性别	9.368	0.0022	217.480	<0.0001	6.173	0.0130
语句类型×位置×性别	6.130	0.0133	0.089	0.7661	5.788	0.0162

语句类型和位置的交互效应显著[$F(1,5682)=15.174, p<0.0001$]。多重比较分析表明,反语讽刺的 H1—H2 在非关键词位置上($\beta=0.636$dB, $t=6.875, p<0.0001$)显著高于真诚表达,但在关键词位置上,两者之间的差异不显著。

语句类型和性别的交互效应显著[$F(1,5682)=203.967, p<0.0001$]。多重比较分析发现,对于女性发音人,反语讽刺的 H1—H2 显著高于真诚表达($\beta=1.315$dB, $t=14.221, p<0.0001$),而对于男性发音人,反语讽刺的 H1—H2 显著低于真诚表达($\beta=-0.553$dB, $t=-5.978, p<0.0001$)。

语句类型、位置、性别的三阶交互效应也显著[$F(1,5682)=6.130, p=0.0133$]。简单效应分析(见图 3-8)表明,对于女性发音人来说,反语讽刺的 H1—H2 在非关键词位置和关键词位置均显著高于真诚表达,且非关键词位置的差异大于关键词位置。而对于男性发音人来说,反语讽刺的 H1—H2 在非关键词位置和关键词位置均显著低于真诚表达,但非关键词位置的差异小于关键词位置。

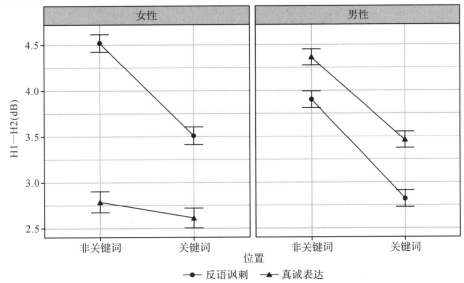

图 3-8　不同位置和不同性别上反语讽刺和真诚表达的 H1—H2 的误差图

2. 谐波噪声比(HNR)

如表3-5所示,语句类型在 HNR 上的主效应显著[$F(1,5682) = 366.249, p < 0.0001$]。事后比较分析发现,反语讽刺的 HNR 为 39.3dB,显著高于真诚表达($\beta = 2.07\text{dB}, t = 19.138, p < 0.0001$)。

语句类型和位置的交互效应显著[$F(1,5682) = 47.160, p < 0.0001$]。多重比较分析(见图3-9)表明,反语讽刺的 HNR 在关键词位置($\beta = 2.82\text{dB}, t = 18.388, p < 0.0001$)和非关键词位置($\beta = 1.33\text{dB}, t = 8.676, p < 0.0001$)均显著高于真诚表达,且关键词位置的差异大于非关键词位置。

语句类型和性别的交互效应显著[$F(1,5682) = 28.981, p < 0.0001$]。多重比较分析(见图3-9)发现,无论男、女发音人,反语讽刺的 HNR 均显著高于真诚表达,且男性发音人的差异($\beta = 1.49\text{dB}, t = 9.724, p < 0.0001$)小于女性发音人($\beta = 2.66\text{dB}, t = 17.342, p < 0.0001$)。

语句类型、位置、性别的三阶交互效应不显著($p = 0.7661$)。

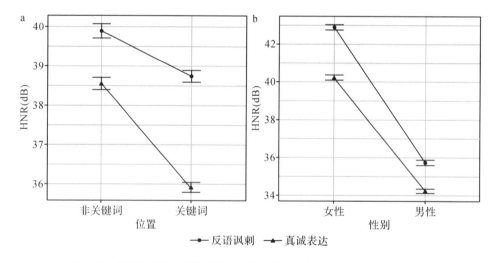

图3-9　不同位置和不同性别上反语讽刺和真诚表达的 HNR 的误差图

3. 次谐波谐波比(SHR)

统计结果表明,语句类型在 SHR 上的主效应显著[$F(1,5682) = 426.736, p < 0.0001$]。事后比较分析发现,反语讽刺的 SHR 为 0.194dB,显著高于真诚表达($\beta = 0.04\text{dB}, t = 20.658, p < 0.0001$)。

语句类型、位置的交互效应不显著($p = 0.6648$)。但语句类型和性别的交互效应显著$[F(1,5682)=15.385, p<0.0001]$。多重比较分析发现,无论男、女发音人,反语讽刺的 SHR 均显著高于真诚表达,而且男性发音人的差异$(\beta=0.048\text{dB}, t=17.378, p<0.0001)$大于女性发音人$(\beta=0.03\text{dB}, t=11.836, p<0.0001)$。

语句类型、位置、性别的三阶交互效应也显著$[F(1,5682)=5.788, p=0.0162]$。简单效应分析(见图 3-10)表明,无论男、女发音人,反语讽刺的 SHR 在关键词位置和非关键词位置均显著高于真诚表达,而且男性发音人的差异均大于女性发音人。

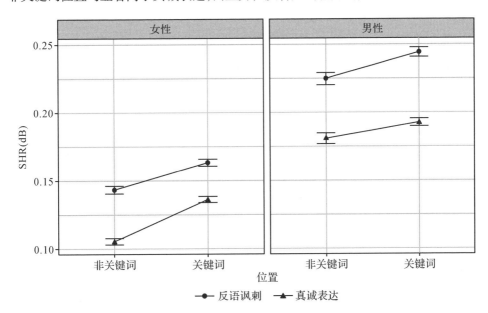

图 3-10 不同位置和不同性别上反语讽刺和真诚表达的 SHR 的误差图

4. 基频抖动(jitter)

基频抖动和振幅抖动的统计结果如表 3-6 所示。

表 3-6 字面表扬句在不同语句类型下基频抖动、振幅抖动的统计结果

因素	jitter		shimmer	
	F value	p	F value	p
语句类型	222.045	<0.0001	316.713	<0.0001
位置	693.652	<0.0001	460.246	<0.0001
性别	688.182	<0.0001	0.066	0.7968
语句类型×位置	72.642	<0.0001	122.691	<0.0001
语句类型×性别	131.563	<0.0001	123.020	<0.0001
位置×性别	19.631	<0.0001	22.568	<0.0001
语句类型×位置×性别	47.973	<0.0001	10.803	0.0010

统计结果显示,语句类型在 jitter 上的主效应显著[$F(1,5682) = 222.045, p < 0.0001$]。事后比较分析发现,反语讽刺的 jitter 为 2.28%,显著低于真诚表达($\beta = -0.306\%, t = -14.901, p < 0.0001$)。

语句类型和位置的交互效应显著[$F(1,5682) = 72.642, p < 0.0001$]。多重比较分析表明,反语讽刺的 jitter 在关键词位置($\beta = -0.481\%, t = -16.563, p < 0.0001$)和非关键词位置($\beta = -0.131\%, t = -4.51, p < 0.0001$)均显著低于真诚表达,且在非关键词位置的差异小于在关键词位置的差异。

语句类型和性别的交互效应显著[$F(1,5682) = 131.563, p < 0.0001$]。多重比较分析发现,无论男、女发音人,反语讽刺的 jitter 均显著低于真诚表达,且男性发音人的差异($\beta = 0.542\%, t = -18.644, p < 0.0001$)大于女性发音人($\beta = 0.071\%, t = -2.427, p = 0.0153$)。

语句类型、位置、性别的三阶交互效应也显著[$F(1,5682) = 47.973, p < 0.0001$]。简单效应分析(见图 3-11)表明,对于女性发音人,反语讽刺的 jitter 只在关键词位置低于真诚表达($\beta = -0.103\%, t = -2.759, p = 0.0930$),在非关键词位置上差异不显著($p = 0.9630$)。而对于男性发音人,反语讽刺的 jitter 在非关键词位置、关键词位置上均显著低于真诚表达。

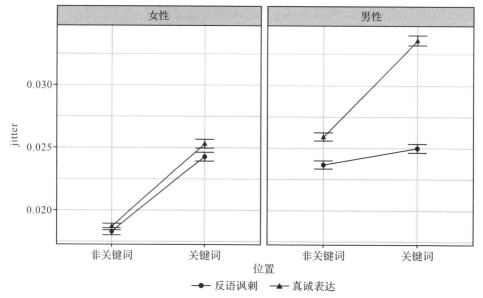

图 3-11　不同位置和不同性别上反语讽刺和真诚表达的 jitter 的误差图

5. 振幅抖动(shimmer)

统计结果显示,语句类型在 shimmer 上的主效应显著[F(1,5682) = 316.713, $p < 0.0001$]。事后比较分析发现,反语讽刺的 shimmer 为 4.97% ,显著低于真诚表达($\beta = -0.102\%$,$t = -17.796$,$p < 0.0001$)。

语句类型和位置的交互效应显著[F(1,5682) = 122.691, $p < 0.0001$]。多重比较分析表明,反语讽刺的 shimmer 在关键词位置($\beta = -0.165\%$,$t = -20.416$, $p < 0.0001$)和非关键词位置($\beta = -0.039\%$,$t = -4.752$,$p < 0.0001$)均显著低于真诚表达,且在关键词位置的差异大于非关键词位置。

语句类型和性别的交互效应显著[F(1,5682) = 123.020, $p < 0.0001$]。多重比较分析发现,无论男、女发音人,反语讽刺的 shimmer 均显著低于真诚表达,且男性发音人的差异大于女性发音人。

语句类型、位置、性别的三阶交互效应也显著[F(1,5682) = 10.803,$p = 0.0010$]。简单效应分析(见图 3-12)表明,对于女性发音人,反语讽刺的 shimmer 只有在关键词位置上才会显著低于真诚表达($\beta = -0.829\%$,$t = -7.948$,$p < 0.0001$),在非关键词位置上差异不显著($p = 0.9980$)。而对于男性发音人,反语讽刺的 shimmer 在非关键词位置和关键词位置上均显著低于真诚表达,且关键词位置的差异大于非关键词位置。

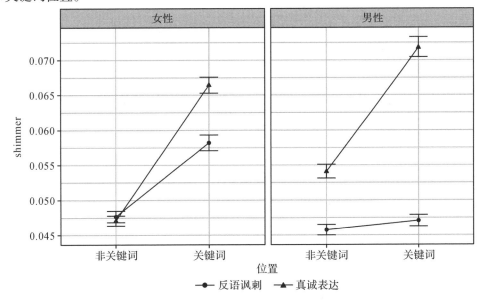

图 3-12　不同位置和不同性别上反语讽刺和真诚表达的 shimmer 的误差图

6. 闭商(CQ)

CQ 和 PIC 的统计结果如表 3-7 所示。

表 3-7　字面表扬句在不同语句类型下 CQ 和 PIC 的统计结果

因素	CQ		PIC	
	F value	p	F value	p
语句类型	48.624	<0.0001	32.953	<0.0001
位置	59.981	<0.0001	76.761	<0.0001
性别	1495.33	<0.0001	12.368	<0.0001
语句类型×位置	5.358	0.0207	1.091	0.2963
语句类型×性别	6.396	0.0115	101.537	<0.0001
位置×性别	5.306	0.0213	12.667	0.0004
语句类型×位置×性别	0.376	0.5397	0.352	0.5531

统计结果表明,语句类型在 CQ 上的主效应显著[$F(1,5682)=48.624,p<0.0001$]。事后检验分析发现,反语讽刺的 CQ 为 0.545,显著高于真诚表达($\beta=0.008,t=6.973,p<0.0001$)。

语句类型和位置的交互效应显著[$F(1,5682)=5.358,p=0.0207$]。简单效应分析(见图 3-13)表明,反语讽刺的 CQ 在关键词位置($\beta=0.011,t=6.567,p<0.0001$)和非关键词位置($\beta=0.005,t=3.294,p=0.0010$)均显著高于真诚表达,且在关键词位置的差异大于非关键词位置。

语句类型和性别的交互效应也显著[$F(1,5682)=6.396,p=0.0115$]。简单效应分析(见图 3-13)表明,无论男、女发音人,反语讽刺的 CQ 均显著高于真诚表达,且女性发音人的差异($\beta=0.011,t=6.72,p<0.0001$)大于男性发音人($\beta=0.005,t=3.142,p=0.0017$)。

语句类型、位置、性别的三阶交互效应不显著($p=0.5397$)。

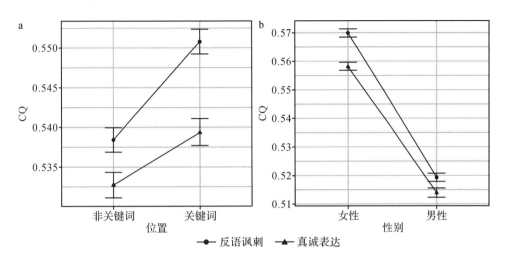

图 3-13　不同位置和不同性别上反语讽刺和真诚表达的 CQ 的误差图

7. PIC

如表 3-7 所示,语句类型在 PIC 上的主效应显著[F(1,5682) = 32.953, p < 0.0001]。事后检验分析发现,反语讽刺的 PIC 为 222,显著低于真诚表达($\beta = -14.4, t = -5.741, p < 0.0001$)。

语句类型和性别的交互效应也显著[F(1,5682) = 101.537, p < 0.0001]。简单效应分析(见图 3-14)表明,女性发音人表达的反语讽刺,其 PIC 显著低于真诚表达($\beta = -39.8, t = -11.186, p < 0.0001$),而男性发音人表达的反语讽刺,其 PIC 显著高于真诚表达($\beta = 10.9, t = 3.066, p = 0.0022$)。

语句类型和位置的交互效应不显著(p = 0.2963)。语句类型、位置、性别的三阶交互效应也不显著(p = 0.5531)。

71

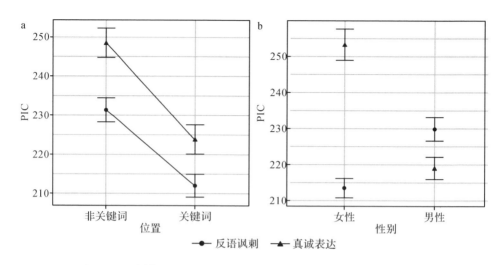

图 3-14　不同位置和不同性别上反语讽刺和真诚表达的 PIC 的误差图

3.5.2　分类判别分析

线性混合模型的统计结果表明,提取到的 14 个韵律声学参数(包括 7 个常规韵律参数和 7 个噪音参数)均在反语讽刺和真诚表达之间存在显著性差异。但这些显著性差异的声学参数在辨识反语讽刺时是否能发挥作用,可以通过机器学习的算法进行验证。本节采用随机森林的算法来验证,获得的反语讽刺辨识的混淆矩阵如表 3-8、表 3-9、表 3-10 所示。

表 3-8　基于全部韵律声学参数的反语讽刺辨识的混淆矩阵

单位:%

态度类别	关键词位置 （mtry ＝15）		非关键词位置 （mtry ＝8）	
	反语讽刺	真诚表达	反语讽刺	真诚表达
反语讽刺	89.700	10.300	82.336	17.664
真诚表达	11.550	88.450	18.442	81.558

该混淆矩阵显示,当 14 个声学参数均提取自关键词位置时,对反语讽刺的辨识率为 89.700% ,高于非关键词位置提取的声学参数获得的辨识率(82.336%)。这说明关键词位置的韵律声学参数承载了比非关键词位置更多的反语讽刺的辨识信息。

表 3-9 基于常规韵律参数的反语讽刺辨识的混淆矩阵

单位:%

态度类别	关键词位置 (mtry = 3)		非关键词位置 (mtry = 3)	
	反语讽刺	真诚表达	反语讽刺	真诚表达
反语讽刺	88.650	11.350	78.942	21.058
真诚表达	14.300	85.700	22.800	77.200

当仅使用基于基频、时长和音强等 7 个常规韵律参数进行反语讽刺和真诚表达的分类辨识时,提取自关键词位置的常规韵律参数对反语讽刺的辨识率为88.650%,高于非关键词位置的常规韵律参数产生的辨识率(78.942%)。这表明关键词位置的常规韵律参数承载了比非关键词位置更多的关于反语讽刺的辨识信息。

表 3-10 基于嗓音参数的反语讽刺辨识的混淆矩阵

单位:%

态度类别	关键词位置 (mtry = 2)		非关键词位置 (mtry = 2)	
	反语讽刺	真诚表达	反语讽刺	真诚表达
反语讽刺	74.848	25.152	70.090	29.910
真诚表达	27.281	72.719	30.242	69.758

当仅使用提取自关键词位置的 7 个嗓音参数时,其对反语讽刺的辨识率(74.848%)高于提取自非关键词位置的嗓音参数对反语讽刺的辨识率(70.090%)。这说明关键词位置的嗓音特征比非关键词位置承载了更多的反语讽刺的辨识信息。

总体上看,无论提取自关键词位置还是非关键词位置,对反语讽刺辨识效果最好的参数是全部 14 个韵律参数,其次是 7 个常规韵律参数,7 个嗓音参数的辨识效果最差,但也可以有效地对反语讽刺进行辨识(>70%)。另外实验还发现,若去除嗓音参数,常规韵律参数的辨识效果和全部 14 个韵律声学参数的辨识效果相当。若去除常规韵律参数,嗓音参数的辨识效果会明显低于全部 14 个韵律声学参数。这说明常规韵律参数在反语讽刺辨识中的作用大于嗓音参数。

3.5.3 统计结果小结

3.5.3.1 差异分析

1. 基频小结

在汉语中,对于字面赞扬句来说,在表达反语讽刺时,无论男性发音人还是女性发音人,都会降低基频均值。这和英语中的结果一致(Cheang & Pell,2008),但和意大利语中的结果相反(Anolli et al.,2000)。这种不一致说明,在使用基频均值来表达反语讽刺时,不同语言背景下的人群具有不同的使用策略。

男、女发音人在使用基频表达反语讽刺时,均使用更低的基频,但是差异的量级存在不同。具体来说,男性发音人表达的反语讽刺,其基频均值、标准差和范围的差异量级均会大于女性发音人。这说明女性发音人在表达讽刺含义时,会比男性发音人更大程度地降低基频。

另外,从位置的因素上看,反语讽刺的基频均值、标准差和范围在关键词位置和非关键词位置的差异均显著,但在关键词位置的差异均大于非关键词位置。这也说明表达反语讽刺时,目标句的关键词位置和非关键词位置均存在基频上的差异,但关键词位置的差异更大。

2. 时长小结

就时长(语速)而言,无论男、女发音人,反语讽刺的语速均会显著慢于真诚表达,而且男性发音人的语速变化差异更大。前人在研究其他语言时均发现反语讽刺具有更慢的语速,本实验发现汉语的反语讽刺在语速上的差异和其他语言研究结果相一致,这更加确认了语速变慢是反语讽刺普遍的韵律特征。

3. 音强小结

从统计结果上看,女性发音人表达反语讽刺时,音强均值会低于真诚表达,且在关键词位置的差异量级大于非关键词位置,而男性发音人表达反语讽刺时,音强均值虽然也会低于真诚表达,但在关键词位置的差异量级小于非关键词位置。这说明男、女发音人表达反语讽刺时,均会降低音强,但降低的位置存在差异,女性发音人更多地降低关键词位置的音强均值,而男性发音人更多地降低句子开始部位的非关键词位置的音强均值。

与音强均值降低不同的是,反语讽刺句的音强标准差和音强范围会显著高于真诚表达,而且音强标准差的差异还会根据位置和性别变化。具体说来,反语讽刺和真诚表达的音强标准差之间的差异,关键词位置大于非关键词位置,女性发音人大于男性发音人。但反语讽刺和真诚表达之间的音强范围差异没有位置和性别的交互效应。

4. 嗓音小结

频谱斜率的大小表示频谱能量衰减程度的强弱,可以表征声带的松紧,一般用 H1—H2 计算。表达反语讽刺时,女性发音人会具有更高的 H1—H2,而且在非关键词位置的差异大于关键词位置。与之相反的是,男性发音人表达反语讽刺时会具有更低的 H1—H2,并且在关键词位置的差异大于非关键词位置。这说明女性发音人表达反语讽刺时,使用了更松的声带内收方式,而男性发音人表达反语讽刺时,使用了更紧的声带内收方式。

无论男、女发音人,反语讽刺句的 HNR 均显著高于真诚表达,而且在关键词位置的差异大于非关键词位置。更大的 HNR 代表更少的噪声成分。这说明男、女发音人表达反语讽刺时,语音信号里会存在更少的噪声成分。

虽然男、女发音人表达反语讽刺时均具有更高的 SHR 值,但男性发音人的差异量级会高于女性发音人。较高的 SHR 被许多研究(Khan et al. ,2015;Keating et al. ,2015)认为表征更紧的嗓音状态。这和男性具有更低的 H1—H2 结果相印证。

嗓音的不规则性(aperiodicity)除了从噪声大小(如 HNR)上来衡量,还可以从周期扰动(如 jitter、shimmer)上来衡量。统计结果显示,表达反语讽刺时,女性发音人只在关键词位置上才会具有更低的 jitter 和 shimmer,在非关键词位置的差异不显著。而男性发音人在非关键词位置和关键词位置上均具有显著低的 jitter 和 shimmer。

综合 7 个嗓音参数的结果,本实验发现,无论男、女发音人,表达反语讽刺时均使用了嘎裂的发声类型。但是,根据 Keating et al. (2015)对嘎裂嗓音的分类,本实验的结果表明,男性发音人和女性发音人使用了不同的嘎裂类型:在表达反语讽刺时,男性发音人使用了气泡嘎裂声(vocal fry),而女性发音人使用了非收紧嘎裂声(non-constriction voice 或"Slifka" voice)。

3.5.3.2 分类判别分析

当使用 14 个声学参数进行反语讽刺和真诚辨识时,提取自关键词位置的声学参数对反语讽刺的辨识率高达 89.700% 以上,而提取自非关键词位置的参数对反语讽刺的辨识率虽然会降低,但依然可以达到 80% 以上。这个结果表明,包含常规韵律参数和嗓音参数的 14 个声学特征,无论提取自关键词位置还是非关键词位置,均足以很好地辨识出反语讽刺,而且关键词位置的声学特征的辨识效果优于非关键词位置的声学特征。

当去除嗓音参数,仅使用关键词位置的 7 个常规韵律参数(如基频、时长、音强等)时,依然能对反语讽刺实现 88.650% 的辨识效果,和 14 个韵律声学参数的辨识率(89.700%)大致相当。但当 7 个常规韵律参数提取自非关键词位置时,辨识效果会下降至 78.942%。这表明在关键词位置上的常规韵律参数对反语讽刺的辨识效果和全部 14 个韵律声学线索的辨识效果相当,但非关键词位置的常规韵律参数的辨识能力会略低于全部韵律参数。

当去除常规韵律参数,仅使用关键词位置的 7 个嗓音参数时,对反语讽刺的辨识率为 74.848%,会低于全部韵律参数(89.700%)和常规韵律参数(88.650%)的辨识效果。非关键词位置的嗓音参数对反语讽刺的辨识效果能达到 70.090%,但也低于全部韵律参数(82.336%)和常规韵律参数(78.942%)实现的辨识效果。这说明无论提取自关键词位置还是非关键词位置,单独使用嗓音参数依然能对反语讽刺进行有效辨识(>70%),但效果会低于常规韵律参数。

综上可知:(1)提取自关键词位置和非关键词位置的嗓音参数、常规韵律参数,无论是单独使用还是同时使用,均能很好地对反语讽刺进行辨识;(2)嗓音参数的辨识效果略低于常规韵律参数,常规韵律参数的辨识效果略低于全部韵律参数;(3)嗓音参数和韵律参数单独使用时均会达到很高的辨识效果(70%—90%),但 2 类参数综合起来时,虽然会稍微提升辨识效果,但提升的幅度较小;(4)无论是嗓音参数还是常规韵律参数,关键词位置的声学参数的辨识效果均优于非关键词位置。

3.6 反语调侃的韵律特征结果

3.6.1 差异性统计分析

通过线性混合模型,分析反语调侃和真诚表达之间不同的韵律特征,差异的显著性统计结果分别见表 3-11（基频）、表 3-12（时长）、表 3-13（音强）、表 3-14 至表 3-16（嗓音）。

3.6.1.1 基频结果

1. 基频均值（F0_mean）

如表 3-11 所示，语句类型在基频均值上的主效应显著[$F(1,5680) = 6.013$，$p = 0.0142$]。事后检验表明，反语调侃的基频均值为 201Hz，显著低于真诚表达（$\beta = -1.82$Hz，$t = -2.452$，$p = 0.0142$）。

表 3-11　字面批评句在不同语句类型下基频均值、标准差、范围的统计结果

因素	F0_mean		F0_std		F0_range	
	F value	p	F value	p	F value	p
语句类型	6.013	0.0142	30.110	<0.0001	32.125	<0.0001
位置	17.540	<0.0001	1888.576	<0.0001	2134.447	<0.0001
性别	12081.049	<0.0001	237.416	<0.0001	385.174	<0.0001
语句类型×位置	20.016	<0.0001	6.487	0.0109	11.050	0.0009
语句类型×性别	36.266	<0.0001	56.566	<0.0001	55.048	<0.0001
位置×性别	0.748	0.3872	19.327	<0.0001	49.278	<0.0001
语句类型×位置×性别	0.899	0.3431	13.883	0.0002	10.832	0.0010

语句类型和位置的交互效应显著[$F(1,5680) = 20.016$，$p < 0.0001$]。多重比较的结果（见图 3-15）表明，反语调侃的基频均值，只有在非关键词位置才显著低于真诚表达（$\beta = -5.13$Hz，$t = -4.897$，$p < 0.0001$），而在关键词位置，基频均值的差异不显著（$p = 0.1529$）。

语句类型和性别的交互效应也显著[$F(1,5680) = 36.266$，$p < 0.0001$]。多重比较分析（见图 3-15）发现，女性发音人表达的反语调侃，其基频均值显著低于真诚表达（$\beta = -6.28$Hz，$t = -5.992$，$p < 0.0001$），而男性发音人表达的反语调侃，其基频均值却显著高于真诚表达（$\beta = 2.65$Hz，$t = 2.524$，$p = 0.0116$）。

语句类型、位置、性别的三阶交互效应不显著（$p = 0.3431$）。

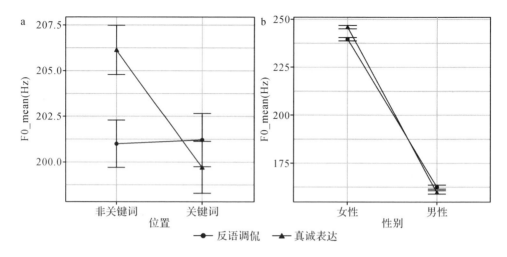

图3-15 不同位置和不同性别上反语调侃和真诚表达的基频均值的误差图

2. 基频标准差(F0_std)

统计结果显示,语句类型在基频标准差上的主效应显著[$F(1,5680) = 30.110, p < 0.0001$]。事后检验发现,反语调侃的基频标准差为32.8Hz,显著低于真诚表达($\beta = -2.45$Hz, $t = -5.487, p < 0.0001$)。

语句类型和位置的交互效应显著[$F(1,5680) = 6.487, p = 0.0109$]。简单效应分析表明,反语调侃的基频标准差在非关键词位置和关键位置位均显著低于真诚表达,且非关键词位置的差异(-3.591Hz)会大于关键词位置的差异(-1.314Hz)。

语句类型和性别的交互效应显著[$F(1,5680) = 56.566, p < 0.0001$]。多重比较分析发现,对于女性发音人,反语调侃的基频标准差显著低于真诚表达($\beta = -5.814$Hz, $t = -9.198, p < 0.0001$),而对于男性发音人,反语调侃的基频标准差和真诚表达之间的差异不显著($p = 0.1505$)。

语句类型、位置、性别的三阶交互效应也显著[$F(1,5680) = 13.883, p = 0.0002$]。简单效应分析(见图3-16)发现,对于女性发音人,反语调侃的基频标准差在非关键词位置和关键词位置均显著低于真诚表达,且在关键词位置的差异更大。而对于男性发音人,反语调侃的基频标准差在关键词位置显著高于真诚表达,在非关键词位置的差异不显著($p = 0.3070$)。

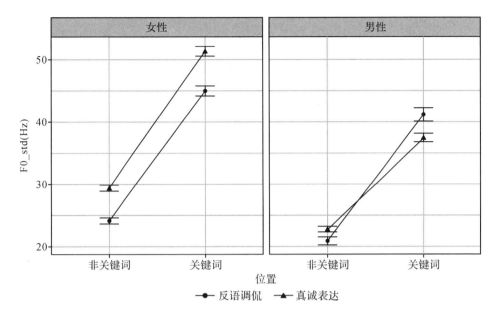

图 3-16　不同位置和不同性别上反语调侃和真诚表达的基频标准差的误差图

3. 基频范围(F0_range)

统计结果表明,语句类型在基频范围上的主效应显著[F(1,5680) = 32.125, $p < 0.0001$]。事后检验表明,反语调侃的基频范围为 111Hz,显著低于真诚表达($\beta = -8.01$Hz, $t = -5.668$, $p < 0.0001$)。

语句类型和位置的交互效应显著[F(1,5680) = 11.050, $p = 0.0009$]。多重比较显示,反语调侃的基频范围只有在关键词位置才会显著低于真诚表达($\beta = -12.7$Hz, $t = -6.358$, $p < 0.0001$),而在非关键词位置差异不显著($p = 0.0975$)。

语句类型和性别的交互效应显著[F(1,5680) = 55.048, $p < 0.0001$]。多重比较的结果表明,对于女性发音人,反语调侃的基频范围显著低于真诚表达($\beta = -18.49$Hz, $t = -9.254$, $p < 0.0001$)。而对于男性发音人,反语调侃的基频范围和真诚表达之间的差异不显著($p = 0.2516$)。

语句类型、位置、性别的三阶交互效应也显著[F(1,5680) = 10.832, $p = 0.0010$]。简单效应分析(见图 3-17)发现,对于女性发音人,反语调侃的基频范围在非关键词位置、关键词位置均显著低于真诚表达。但对于男性发音人,反语调侃的基频范围只有在关键词位置才显著高于真诚表达,在非关键词位置的差异不显著($p = 0.2207$)。

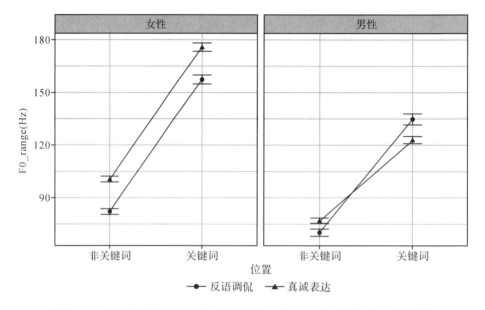

图 3-17　不同位置和不同性别上反语调侃和真诚表达的基频标准差的误差图

3.6.1.2 时长结果

时长(语速)的统计结果如表 3-12 所示,语句类型在语速上的主效应显著 $[F(1,5680) = 135.558, p < 0.0001]$。事后检验分析发现,反语调侃的语速为 5.54 音节每秒,显著慢于真诚表达 $(\beta = -0.283, t = -11.643, p < 0.0001)$。

表 3-12　字面批评句在不同语句类型下语速的统计结果

因素	F value	p
语句类型	135.558	< 0.0001
位置	7626.409	< 0.0001
性别	669.001	< 0.0001
语句类型×位置	47.722	< 0.0001
语句类型×性别	0.165	0.6849
位置×性别	0.795	0.3728
语句类型×位置×性别	24.135	< 0.0001

语句类型和位置的交互效应显著 $[F(1,5680) = 47.722, p < 0.0001]$。多重比较分析发现,反语调侃的语速在关键词位置 $(\beta = -0.451, t = -13.118, p <$

0.0001)和非关键词位置($\beta = -0.115, t = -3.348, p = 0.0008$)均显著慢于真诚表达,且在关键词位置的差异量级大于非关键词位置。

语句类型和性别的交互效应不显著($p = 0.6849$)。语句类型、位置、性别的三阶交互效应显著[$F(1, 5680) = 24.135, p < 0.0001$]。简单效应分析(见图3-18)发现,对于女性发音人,反语调侃的语速在关键词位置、非关键词位置上均显著慢于真诚表达。而对于男性发音人,反语调侃的语速只有在关键词位置上才显著慢于真诚表达,在非关键词位置上两者之间的语速差异不显著。另外,在关键词位置上,男性发音人的语速差异量级会大于女性发音人。

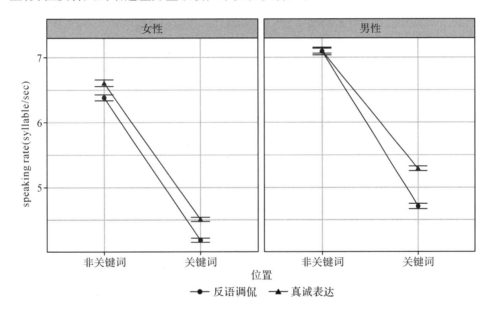

图3-18　不同位置和不同性别上反语调侃和真诚表达的语速的误差图

3.6.1.3 音强结果

音强的统计结果如表3-13所示。

表3-13　字面批评句在不同语句类型下音强均值、标准差和范围的统计结果

因素	intensity_mean		intensity_std		intensity_range	
	F value	p	F value	p	F value	p
语句类型	1249.588	<0.0001	261.780	<0.0001	319.314	<0.0001
位置	971.248	<0.0001	623.654	<0.0001	359.961	<0.0001

续　表

因素	intensity_mean		intensity_std		intensity_range	
	F value	p	F value	p	F value	p
性别	66.622	<0.0001	29.319	<0.0001	0.262	0.6090
语句类型×位置	2.736	0.0982	31.207	<0.0001	37.334	<0.0001
语句类型×性别	4.455	0.0349	1.223	0.2689	0.295	0.5868
位置×性别	0.878	0.3488	0.929	0.3353	0.426	0.5142
语句类型×位置×性别	0.182	0.6697	0.035	0.8513	1.227	0.2680

1. 音强均值(intensity_mean)

统计结果显示,语句类型在音强均值上的主效应显著[$F(1,5680)=1249.588$, $p<0.0001$]。事后检验发现,反语调侃的音强均值为62.1dB,显著低于真诚表达($\beta=-3.23$dB, $t=-35.350, p<0.0001$)。

语句类型和性别的交互效应显著[$F(1,5680)=4.455, p=0.0349$]。如图3-19所示,无论男、女发音人,反语调侃的音强均值均显著低于真诚表达,且男性发音人的差异($\beta=-3.43$dB, $t=-26.488, p<0.0001$)大于女性发音人($\beta=-3.04$dB, $t=-23.503, p<0.0001$)。

语句类型和位置的交互效应不显著($p=0.0982$)。语句类型、位置、性别的三阶交互效应也不显著($p=0.6697$)。

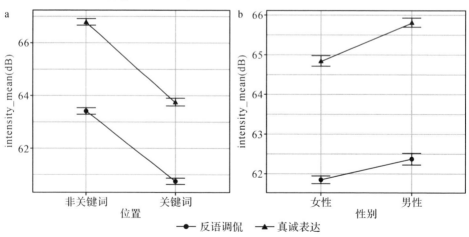

图3-19　不同位置和不同性别上反语调侃和真诚表达的音强均值的误差图

2. 音强标准差(intensity_std)

统计结果表明,语句类型在音强标准差上的主效应显著[$F(1,5680) = 261.780$, $p < 0.0001$]。事后检验发现,反语调侃的音强标准差为6.91dB,显著低于真诚表达($\beta = -0.762dB, t = -16.180, p < 0.0001$)。

语句类型和位置的交互效应显著[$F(1,5680) = 31.207, p < 0.0001$]。多重比较分析(见图3-20)发现,反语调侃的音强标准差在关键词位置($\beta = -1.026dB, t = -15.391, p < 0.0001$)和非关键词位置($\beta = -0.499dB, t = -7.491, p < 0.0001$)均显著低于真诚表达,而且在非关键词位置的差异量级小于关键词位置。

语句类型和性别的交互效应不显著($p = 0.2689$)。语句类型、位置、性别的三阶交互效应也不显著($p = 0.8513$)。

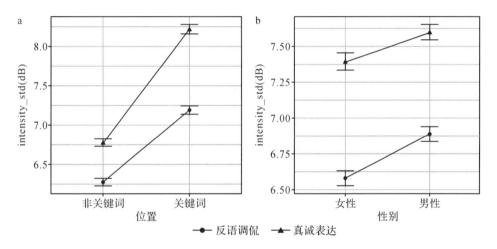

图3-20   不同位置和不同性别上反语调侃和真诚表达的音强标准差的误差图

3. 音强范围(intensity_range)

统计结果显示,语句类型在音强范围上的主效应显著[$F(1,5680) = 319.314$, $p < 0.0001$]。事后检验发现,反语调侃的音强范围为30.8dB,显著低于真诚表达($\beta = -3.44dB, t = -17.869, p < 0.0001$)。

语句类型和位置的交互效应显著[$F(1,5680) = 37.334, p < 0.0001$]。多重比较分析(见图3-21)发现,反语调侃的音强范围在关键词位置($\beta = -4.61dB, t = -16.956, p < 0.0001$)和非关键词位置($\beta = -2.26dB, t = -8.315, p < 0.0001$)均显著低于真诚表达,而且在关键词位置的差异量级大于非关键词位置。

语句类型和性别的交互效应不显著（$p = 0.5868$）。语句类型、位置、性别的三阶交互效应也不显著（$p = 0.2680$）。

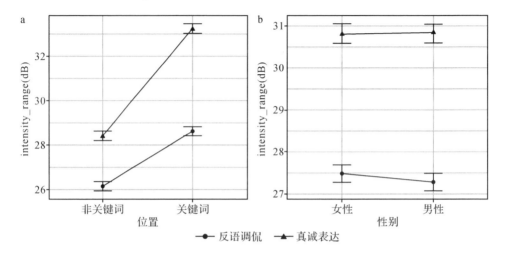

图 3-21　不同位置和不同性别上反语调侃和真诚表达的音强范围的误差图

3.6.1.4　嗓音结果

1. 第一、第二谐波差值（H1—H2）

嗓音参数的统计结果如表 3-14 所示。结果显示，语句类型在 H1—H2 上的主效应显著［$F(1,5680) = 118.960, p < 0.0001$］。事后比较分析发现，反语调侃的 H1—H2 为 3.91dB，显著高于真诚表达（$\beta = 0.706\text{dB}, t = 10.907, p < 0.0001$）。

表 3-14　字面表扬句在不同语句类型下 H1—H2、HNR、SHR 的统计结果

因素	H1—H2		HNR		SHR	
	F value	p	F value	p	F value	p
语句类型	118.960	<0.0001	2093.608	<0.0001	198.774	<0.0001
位置	180.586	<0.0001	252.003	<0.0001	64.640	<0.0001
性别	7.583	0.0059	3451.875	<0.0001	1455.187	<0.0001
语句类型×位置	0.009	0.9267	1.108	0.2925	5.410	0.0201
语句类型×性别	1.893	0.1689	36.944	<0.0001	68.274	<0.0001
位置×性别	2.849	0.0915	79.855	<0.0001	2.524	0.1122
语句类型×位置×性别	0.443	0.5056	0.086	0.7695	20.251	<0.0001

语句类型和位置的交互效应不显著($p=0.9267$)。语句类型和性别的交互效应不显著($p=0.1689$)。语句类型、位置、性别的三阶交互效应也不显著($p=0.5056$)。

2. 谐波噪声比(HNR)

统计结果表明,语句类型在 HNR 上的主效应显著[$F(1,5680)=2093.608$, $p<0.0001$]。事后比较分析发现,反语调侃的 HNR 为 39.9dB,显著高于真诚表达($\beta=5.27\text{dB},t=45.756,p<0.0001$)。

语句类型和性别的交互效应显著[$F(1,5680)=36.944,p<0.0001$]。多重比较分析(见图3-22)发现,无论男、女发音人,反语调侃的 HNR 均显著高于真诚表达,且男性发音人的差异($\beta=5.97\text{dB},t=36.652,p<0.0001$)大于女性发音人($\beta=4.57\text{dB},t=28.065,p<0.0001$)。

语句类型和位置的交互效应不显著($p=0.2925$)。语句类型、位置、性别的三阶交互效应也不显著($p=0.7695$)。

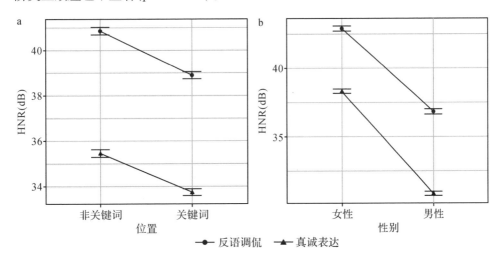

图3-22　不同位置和不同性别上反语调侃和真诚表达的 HNR 的误差图

3. 次谐波谐波噪声比(SHR)

如表3-14所示,语句类型在 SHR 上的主效应显著[$F(1,5680)=198.774,p<0.0001$]。事后比较分析发现,反语调侃的 SHR 为 0.162dB,显著低于真诚表达($\beta=-0.028\text{dB},t=-14.09,p<0.0001$)。

语句类型和位置的交互效应显著[$F(1,5680)=5.410,p=0.0201$]。多重比较分析表明,反语调侃的 SHR 在关键词位置($\beta = -0.023\text{dB}, t = -8.325, p < 0.0001$)和非关键词位置($\beta = -0.032\text{dB}, t = -11.614, p < 0.0001$)均显著低于真诚表达,而且在关键词位置的差异量级小于非关键词位置。

语句类型和性别的交互效应显著[$F(1,5680) = 68.274, p < 0.0001$]。多重比较分析发现,无论男、女发音人,反语调侃的 SHR 均显著低于真诚表达,且男性发音人的差异(-0.043dB)大于女性发音人(-0.011dB)。

语句类型、位置、性别的三阶交互效应也显著[$F(1,5680) = 20.251, p < 0.0001$]。简单效应分析(见图 3-23)表明,对于女性发音人,反语调侃的 SHR 在关键词位置的差异显著低于真诚表达,但在非关键词位置的差异不显著($p = 0.4440$)。而对于男性发音人,反语调侃的 SHR 在非关键词位置和关键词位置均显著低于真诚表达。

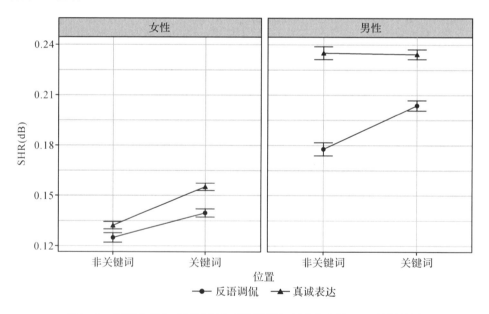

图 3-23　不同位置和不同性别上反语调侃和真诚表达的 SHR 的误差图

4. 基频抖动(jitter)

如表 3-15 所示,语句类型在 jitter 上的主效应显著[$F(1,5680) = 484.038, p < 0.0001$]。事后比较分析发现,反语调侃的 jitter 为 2.27%,显著低于真诚表达($\beta = 0.46\%, t = -22.001, p < 0.0001$)。

表 3-15　字面批评句在不同语句类型下基频抖动、振幅抖动的统计结果

因素	jitter		shimmer	
	F value	p	F value	p
语句类型	484.038	<0.0001	162.599	<0.0001
位置	668.493	<0.0001	313.146	<0.0001
性别	1073.247	<0.0001	15.208	<0.0001
语句类型×位置	10.364	0.0013	0.110	0.7402
语句类型×性别	20.168	<0.0001	9.608	0.0019
位置×性别	1.069	0.3013	0.056	0.8133
语句类型×位置×性别	2.425	0.1195	0.153	0.6954

语句类型和位置的交互效应显著 $[F(1,5680)=10.364,p=0.0013]$。多重比较分析表明,反语调侃的 jitter 在关键词位置 $(\beta=0.53\%,t=-17.833,p<0.0001)$ 和非关键词位置 $(\beta=0.39\%,t=-13.281,p<0.0001)$ 均显著低于真诚表达,且在关键词位置的差异量级大于非关键词位置。

语句类型和性别的交互效应显著 $[F(1,5680)=20.168,p<0.0001]$。多重比较分析发现,无论男、女发音人,反语调侃的 jitter 均显著低于真诚表达,且男性发音人的差异大于女性发音人。

语句类型、位置、性别的三阶交互效应不显著 $(p=0.1195)$。

5. 振幅抖动(shimmer)

如表 3-15 所示,语句类型在 shimmer 上的主效应显著 $[F(1,5680)=162.599,p<0.0001]$。事后比较分析发现,反语调侃的 shimmer 为 5.11%,显著低于真诚表达 $(\beta=-0.97\%,t=-16.027,p<0.0001)$。

语句类型和性别的交互效应显著 $[F(1,5680)=9.608,p=0.0019]$。多重比较分析发现,无论男、女发音人,反语调侃的 shimmer 均显著低于真诚表达,且女性发音人的差异(1.15%)大于男性发音人(0.801%)。

语句类型和位置的交互效应不显著 $(p=0.7402)$。语句类型、位置、性别的三阶交互效应也不显著 $(p=0.6954)$。

6. 闭商(CQ)

CQ 和 PIC 的统计结果如表 3-16 所示。

表 3-16 字面批评句在不同语句类型下 CQ 和 PIC 的统计结果

因素	CQ		PIC	
	F value	p	F value	p
语句类型	666.089	<0.0001	101.096	<0.0001
位置	36.377	<0.0001	78.257	<0.0001
性别	1369.523	<0.0001	409.981	<0.0001
语句类型×位置	1.751	0.1858	4.357	0.0369
语句类型×性别	11.044	0.0009	4.896	0.0270
位置×性别	1.052	0.3051	5.410	0.0201
语句类型×位置×性别	1.543	0.2143	1.476	0.2245

统计结果表明,语句类型在 CQ 上的主效应显著[$F(1,5680)=666.089, p<0.0001$]。事后比较分析发现,反语调侃的 CQ 为 0.535,显著低于真诚表达($\beta = -0.034, t = -25.809, p<0.0001$)。

语句类型和性别的交互效应也显著[$F(1,5680)=11.044, p=0.0009$]。简单效应分析(见图 3-24)表明,无论男、女发音人,反语调侃的 CQ 均显著低于真诚表达,且男性发音人的差异($\beta = -0.038, t = -20.599, p<0.0001$)大于女性发音人($\beta = -0.029, t = -15.9, p<0.0001$)。

语句类型和位置的交互效应不显著($p=0.1858$)。语句类型、位置、性别的三阶交互效应也不显著($p=0.2143$)。

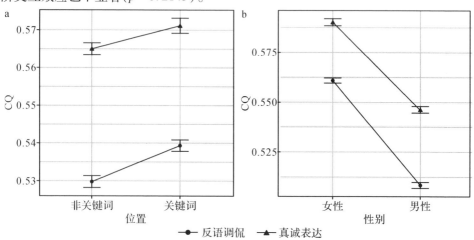

图 3-24 不同位置和不同性别上反语调侃和真诚表达的 CQ 的误差图

7. PIC

如表 3-16 所示,语句类型在 PIC 上的主效应显著[$F(1,5680) = 101.096, p < 0.0001$]。事后比较分析发现,反语调侃的 PIC 为 243,显著低于真诚表达($\beta = -31.3, t = -10.055, p < 0.0001$)。

语句类型和性别的交互效应也显著[$F(1,5680) = 4.896, p = 0.0270$]。简单效应分析(见图 3-25)表明,无论男、女发音人,反语调侃的 PIC 均显著低于真诚表达,且女性发音人的差异($\beta = -38.2, t = -8.674, p < 0.0001$)大于男性发音人($\beta = -24.4, t = -5.545, p < 0.0001$)。

语句类型和位置的交互效应显著[$F(1,5680) = 4.357, p = 0.0369$]。事后检验(见图 3-25)显示,反语调侃的 PIC 在关键词位置($\beta = -37.8, t = -8.586, p < 0.0001$)和非关键词位置($\beta = -24.8, t = -5.634, p < 0.0001$)均显著低于真诚表达,且在关键词位置的差异量级大于非关键词位置。

语句类型、位置、性别的三阶交互效应不显著($p = 0.2245$)。

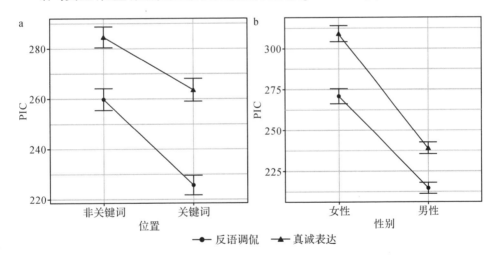

图 3-25　不同位置和不同性别上反语调侃和真诚表达的 PIC 的误差图

3.6.2　分类判别分析

线性混合模型的统计结果表明,提取到的 14 个韵律声学参数均在反语调侃和真诚表达之间存在显著性差异。针对这些显著性差异的声学参数在辨识反语调侃时是否能发挥作用,本节采用随机森林的算法来验证,获得的反语调侃辨识的混淆矩阵如表3-17、表3-18和表3-19所示。

表3-17 基于全部声学参数的反语调侃辨识的混淆矩阵

单位:%

态度类别	关键词位置 （mtry=9）		非关键词位置 （mtry=8）	
	反语调侃	真诚表达	反语调侃	真诚表达
反语调侃	80.929	19.071	85.743	14.257
真诚表达	18.406	81.594	17.517	82.483

反语调侃辨识的混淆矩阵表明,使用全部14个声学参数对反语调侃进行辨识时,提取自关键词位置的声学参数获得的辨识率为80.929%,而提取自非关键词位置的声学参数获得的辨识率为85.743%。这个结果说明,非关键词位置的韵律声学参数承载了比关键词位置更多的关于反语调侃辨识的信息。

表3-18 基于常规韵律参数的反语调侃辨识的混淆矩阵

单位:%

态度类别	关键词位置 （mtry=4）		非关键词位置 （mtry=3）	
	反语调侃	真诚表达	反语调侃	真诚表达
反语调侃	75.723	24.277	75.975	24.025
真诚表达	24.449	75.551	25.543	74.457

去除噪音参数,仅使用7个常规韵律参数对反语调侃进行辨识时,提取自关键词位置的常规韵律参数实现的辨识率为75.723%,而提取自非关键词位置的辨识率为75.975%,两者辨识效果相当,且均低于全部韵律声学参数的辨识效果。这说明关键词位置和非关键词位置的常规韵律参数承载了大致相当的关于反语调侃的辨识信息。但与反语讽刺的辨识不同的是,噪音参数的去除,会导致反语调侃的辨识率下降。这表明噪音参数在反语调侃的辨识中发挥的作用大于在反语讽刺中的作用。

表 3-19 基于嗓音参数的反语调侃辨识的混淆矩阵

单位：%

态度类别	关键词位置（mtry = 5）		非关键词位置（mtry = 2）	
	反语调侃	真诚表达	反语调侃	真诚表达
反语调侃	71.853	28.147	75.605	24.395
真诚表达	26.779	73.221	23.724	76.276

去除常规韵律参数，只使用 7 个嗓音参数对反语调侃进行辨识时提取自关键词位置的嗓音参数实现的反语调侃辨识率为 71.853%，而提取自非关键词位置的辨识率为 75.605%。这个结果说明非关键词位置的嗓音特征承载了比关键词位置更多的关于反语调侃辨识的信息，而且该位置的嗓音特征和常规韵律特征的分类效果大致相当。

综合以上结果可知，在反语调侃的辨识中，全部 14 个韵律声学参数发挥的作用最大，其次是常规韵律参数，最后是嗓音参数。另外，非关键词位置的常规韵律参数和嗓音参数在反语调侃的辨识中发挥的作用均大于关键词位置。最后，本实验还发现，嗓音参数在反语调侃的辨识中发挥的作用大于在反语讽刺的辨识中的作用。

3.6.3 统计结果小结

3.6.3.1 差异分析

1. 基频小结

线性混合模型分析发现，反语调侃的基频特征会受到发音人性别的影响：女性发音人表达反语调侃时，其基频均值、基频标准差和基频范围均会显著低于真诚表达；而男性发音人表达反语调侃时，其基频均值会显著高于真诚表达，但基频标准差和基频范围与真诚表达之间没有显著性差异。

另外，男、女发音人表达反语调侃时，其基频标准差和基频范围还会受到位置的影响。具体来讲，女性发音人表达的反语调侃，在非关键词位置和关键词位置上均具有更小的基频标准差和基频范围，但男性发音人表达的反语调侃，其基频标准差和基频范围只有在关键词位置才会显著高于真诚表达，在非关键词位置的差异不显著。

2. 时长小结

就时长(语速)而言,反语调侃的语速会显著慢于真诚表达,这和反语讽刺的结果一致。这说明汉语中常见的 2 类反语(反语讽刺和反语调侃)均具有较慢语速的韵律特征。

但男、女性发音人在使用较慢语速来表达反语调侃时,在位置上具有显著的差异:女性发音人表达反语调侃时,在非关键词位置、关键词位置上的语速均会变慢,而男性发音人表达反语调侃时,语速只会在关键词位置上变慢,而在非关键词位置上差异不显著。

3. 音强小结

统计结果发现,无论男、女发音人,表达反语调侃时,音强均值均会显著低于真诚表达,而且男性发音人的音强均值差异更大。另外,男、女发音人的反语调侃和真诚表达之间的音强均值差异不受位置因素的影响。

此外,反语调侃句的音强标准差和音强范围在非关键词、关键词位置上均显著低于真诚表达,且均在关键词位置上差异更大。这表明在表达反语调侃时,音强的编码策略具有较高的统一性和稳健性,不受发音人性别和句内位置的影响。

4. 嗓音小结

和真诚表达相比,反语调侃具有更高的 H1—H2,这说明表达反语调侃时,声带收紧程度会更小,而且不受发音人性别因素和位置因素的影响。

反语调侃具有更大的 HNR,而且男性发音人的差异比女性发音人的更大。这说明表达反语调侃时,声音信号中的噪声成分变少。另外,反语调侃的 jitter 和 shimmer 也均会更小。2 个方面的不规则参数表明,表达反语调侃时,声带振动的不规则特性会更小。

除此之外,基于 EEG 信号的参数 CQ 和 PIC 也被发现均会更小,这表明声带关闭速度更慢,这是声带关闭不上、漏气的表现。

结合嗓音的频谱能量分布、不规则性和声带关闭等特征来看,发音人表达反语调侃时使用了气嗓音(breathy)的发声态,与表达反语讽刺时的嗓音类型正好相反。这个现象值得在以后的研究中进一步验证和考察。

3.6.3.2 分类判别分析

对反语调侃进行分类辨识,当使用提取自关键词位置的全部 14 个韵律声学参数时,实现的辨识效果约为 80.929% ,但是当 14 个声学参数提取自非关键词位置时,辨识效果会提高到 85.743% ,这说明非关键词位置的韵律参数承载了更多的反语调侃的信息。

当仅使用 7 个常规韵律参数时,无论提取自关键词位置还是非关键词位置,辨识效果均在 75% 上下,且会低于全部 14 个声学参数实现的辨识率。这说明常规韵律参数在关键词位置和非关键词位置对反语调侃信息的承载大致相当。但当仅使用 7 个噪音参数时,提取自关键词位置的噪音参数的辨识率为 71.853% ,而提取自非关键词位置的辨识率为 75.605% ,这说明非关键词位置的噪音参数承载了更多的反语调侃信息。

综合可知:(1)提取自关键词位置和非关键词位置的噪音参数、常规韵律参数,无论是单独使用还是同时使用,均能有效地对反语调侃进行辨识;(2)噪音参数的辨识效果几乎接近常规韵律参数,这说明噪音参数在反语调侃的辨识中发挥着重要的作用;(3)非关键词位置的韵律参数(常规韵律参数和噪音参数)的辨识效果均高于关键词位置,这说明非关键词位置承载了更多的反语调侃信息;(4)噪音参数和韵律参数单独使用时均会达到很高的辨识效果(75%—80%),但 2 类参数综合起来时,虽然会稍微提升辨识效果,但提升的幅度有限,这说明对于反语调侃的辨识,除了需要发挥语音信号的韵律参数的作用外,还需要结合面部表情或其他信息来辅助判断。

3.7 讨论

为了考察汉语中反语表达是否具有区别性韵律特征,本章提取了 2 类反语的 14 个韵律声学参数,这些声学参数包含 7 个常规韵律参数和 7 个噪音参数。通过线性混合模型的分析发现,反语讽刺和反语调侃均与真诚表达具有显著区分的声学差异。这说明从声学数据的统计上看,反语确实具有区别性的韵律特征,这也和前人的大部分研究结果相一致(Anolli et al. ,2002;Cheang & Pell,2008,2009;等等)。另外,为了验证这些在统计上具有显著性的韵律声学参数在反语辨识中的作用,本章又运用随机森林的机器分类算法对反语进行分类辨识,以此来考察声学线索在反语表达中的作用。

3.7.1 反语的区别性韵律特征

和真诚表达相比,反语讽刺具有更低的基频均值、更小的基频标准差和基频范围,而且不受位置(关键词或非关键词)和发音人性别(男、女)的影响。这说明在汉语中,发音人表达反语讽刺时,会降低声带振动频率,基频走势会变缓,且变化范围也会缩小,这个结果和英语(Rockwell,2000;Cheang & Pell,2008;Chen & Boves,2018)、德语(Rockwell,2007;Scharrer & Christmann,2011)、墨西哥式西班牙语(Rao,2013)中的结果一致。但是,与此相反的是,在粤语(Cheang & Pell,2009)、意大利语(Anolli et al.,2000)、法语(Laval & Bert-Erbourl,2005)中发现反语讽刺具有更高的基频均值。这种不一致的结果表明,不同语言文化中表达反语讽刺时使用的基频策略存在差异。另外,根据 Rao(2013)的解释,反语讽刺具有更低的基频,可能是为了削弱关键词字面上积极、正面的内涵。

而与反语讽刺不同的是,反语调侃的基频特征就会受性别因素和位置因素的影响。在汉语中,就基频均值来说,男性发音人会用更高的基频均值,这个结果和意大利语中的反语调侃结果一致(Anolli et al.,2002),而女性发音人则会用更低的基频均值。同时,基频标准差和基频范围还受位置因素的影响:女性发音人表达反语调侃时,基频标准差和基频范围在关键词位置和非关键词位置上均会显著低于真诚表达,但男性发音人只有在关键词位置上才会显著高于真诚表达。

语速变慢被认为是反语的典型特征,不同语言的研究结果均具有一致性Rockwell,2007;Scharrer & Christmann,2011)。本章的研究结果显示,汉语中反语讽刺的语速无论在关键词位置还是在非关键词位置上,均会慢于真诚表达,同时也不会受性别因素影响。另外,男性发音人的语速差异会大于女性发音人。而对于反语调侃来讲,语速的差异会受到性别和位置因素的交互影响。具体来讲,女性发音人表达反语调侃时,语速在关键词位置和非关键词位置上均显著慢于真诚表达。而男性发音人表达反语调侃时,语速只有在关键词位置上才显著慢于真诚表达,在非关键词位置上两者之间的语速差异不显著。

反语表达时出现语速变慢的现象,可能有以下几个原因:首先,语速降低会给听者更多时间去加工包含在反语中的相对较多的命题承载(Bryant,2010);其次,语速降低可以提醒听者去关注对话的言外之意(Kreuz & Roberts,1995;Haiman,1998)。

　　此外,前人的研究中发现的音强结果的结论也存在较大的不一致(Niebuhr,2014)。本实验的结果表明,汉语中的反语讽刺具有更低的音强均值、更大的音强标准差和更大的音强范围,且不受位置和性别因素的影响。这个结果和其他研究存在不一致。在意大利语中,反语讽刺的音强会增加(Anolli et al.,2002)。英语中的结果则较为复杂,Rockwell(2000)的研究发现反语讽刺具有更大的音强,但Cheang & Pell(2008)的研究发现反语讽刺和真诚表达之间的音强没有显著性差异。另外,在英语(Bryant & Tree,2005)和粤语(Cheang & Pell,2009)的 dripping sarcasm 中发现的音强离散程度降低和音强范围缩小,与本实验的结果正好相反。

　　和反语讽刺不同,汉语中的反语调侃的音强均值虽然也会低于真诚表达,但是音强标准差和音强范围会同时低于真诚表达,这个结果和意大利语中的反语调侃的结果也正好相反(Anolli et al.,2002)。至于这些不一致的结果,可能是因为语言文化差异,也有可能存在其他未发现的原因,这些值得在今后的实验中继续考察。

　　除了常规韵律特征,在早期的反语研究中也发现了嗓音特征在表达反语时具有特殊作用(Cutler,1974;Schaffer,1982;Haiman,1998),但从实验语音学的角度考察这个问题,目前只有少数研究涉及(Cheang & Pell,2008,2009;Niebuhr,2014)。本章通过系统的嗓音分析发现,男性发音人表达反语讽刺时,会使用更低的 H1—H2,而女性发音人会使用更高的 H1—H2。但在其他嗓音参数上,没有发现性别差异。反语讽刺的 HNR、SHR 和 CQ 会显著高于真诚表达,jitter、shimmer 和 PIC 会显著低于真诚表达。这表明反语讽刺具有更加嘎裂的嗓音特征,同时不同性别的发音人使用了嘎裂的不同类型。根据 Keating et al.(2015)对嘎裂声的分类,汉语中表达反语讽刺时,男性发音人会使用气泡嘎裂声,而女性发音人会使用非收紧嘎裂声。

　　反语调侃的嗓音特征和反语讽刺有较多不同。具体来讲,反语调侃具有更高的 H1—H2、HNR,更低的 SHR、jitter、shimmer、CQ 和 PIC,且这些参数差异均不受句子位置和性别因素的影响。综合 7 个嗓音特征考虑,发音人在表达汉语的反语调侃时,会使用更加气化的嗓音类型(breathy voice),这种嗓音类型和反语讽刺中的类型正好相反。对于 2 种反语类型具有不同发声态的原因,也值得在以后的研究中进一步考察。

　　总体上,反语讽刺和反语调侃均具有显著的韵律特征,这表明仅从语音信号上提取到的 14 个韵律参数具有显著的区别性,也可以很好地用于反语辨识。这对于言语工程中的语音识别和语音合成具有重要的参考价值。至于 2 类反语具有不同的韵律特征,大概是因为反语讽刺和反语调侃本来就具有不同的交际目的和使用环境(Anolli et al.,2002)。

3.7.2 韵律参数在反语辨识中的作用

针对统计上具有显著性差异的反语韵律特征,本实验通过机器学习算法来考察它们是否能有效地进行反语辨识。当使用包含常规韵律和嗓音的全部14个韵律声学参数进行反语的分类辨识时,提取自关键词位置上的声学参数对反语讽刺的辨识率(89.700%)会高于反语调侃(80.929%)。但提取自非关键词位置时,其对反语讽刺的辨识率(82.336%)则会低于反语调侃的辨识率(85.743%)。这说明:(1)无论在关键词位置还是在非关键词位置,提取到的14个声学参数可以很好辨识出反语(反语讽刺和反语调侃);(2)非关键词位置的韵律参数在反语调侃的辨识中效果更好,说明对于反语调侃,非关键词位置承担了比关键词位置更多的反语信息,而对于反语讽刺,关键词位置则承担了比非关键词位置更多的反语信息。

当仅使用7个常规韵律参数(基频、时长和音强)进行分类辨识时,提取自关键词位置的参数对反语讽刺的辨识效果(88.650%)和14个全部声学参数使用时的辨识效果(89.700%)相当,而对反语调侃进行分类辨识时,辨识率降到75.723%。这说明常规韵律参数可以很好地对反语讽刺进行辨识,增加嗓音特征后,并不能明显提高辨识率,即嗓音参数在反语讽刺的辨识中作用较小。但对反语调侃来说,单独使用常规韵律参数,缺乏嗓音特征时,辨识率会比综合所有特征时的辨识率明显降低。这说明嗓音特征在反语调侃的辨识中发挥着重要作用。另外,仅使用7个韵律参数时,无论提取自关键词位置还是非关键词位置,对反语讽刺的辨识效果均会优于反语调侃。这说明通过语音信号辨识反语时,对反语讽刺的辨识效果会优于对反语调侃的效果。其原因可能是反语调侃除了通过语音信号表达外,还需要结合面部表情等其他特征来辅助辨识。

值得提及的是,在英语的反语研究中,Chen & Boves(2018)在英语反语表达的关键词位置提取了基频、时长和前5个FPCA等10个韵律参数,对反语和真诚表达进行了辨识,得到的正确率仅为70.4%。而Mauchand et al.(2018)通过提取反语讽刺和反语调侃的时长、基频均值和标准差、谐波差值,以及音强均值和标准差,然后利用逐步判别分析(stepwise discriminant analyses)发现,仅包含时长和基频标准差的判别函数可以辨识90%的反语讽刺,但没有参数可以对反语调侃进行辨识。

本实验的辨识结果发现,汉语中韵律对反语讽刺的辨识效果会优于 Chen & Boves(2018)所得出的关于英语的辨识效果,这可能是因为本实验使用了和 Chen & Boves(2018)不同的韵律参数,如音强、基频标准差等,也可能是因为汉语和英语之间的语言差异,还可能是因为使用了不同的分类算法,具体原因需要在以后的研究中进一步考察。

当仅使用 7 个嗓音参数进行反语的辨识时,在关键词位置提取的嗓音对反语讽刺的辨识效果(74.848%)会略高于反语调侃(71.853%),但是在非关键词位置提取的嗓音参数对反语讽刺的辨识效果(70.090%)会比反语调侃低约 5%(75.605%)。这说明非关键词位置的嗓音特征承载了更多的反语调侃的特征信息,这个现象的原因也值得进一步系统考察。

综合来看,关键词位置的声学参数,包括常规韵律参数和嗓音参数,在反语讽刺的辨识中得到的分类辨识效果均会优于非关键词位置,而在反语调侃的辨识中,非关键词位置得到的辨识效果均会优于关键词位置。也就是说,反语讽刺更多通过关键词位置的韵律声学线索来表达,而反语调侃更多通过非关键词位置的韵律声学线索来表达。

除此之外,我们还发现,对于反语讽刺来说,常规韵律参数的辨识效果会明显优于嗓音参数的辨识效果,而对于反语调侃来说,常规韵律参数的辨识效果和嗓音参数的辨识效果相当。这也说明了嗓音特征在反语调侃的辨识中作用会大于在反语讽刺中的辨识作用。

但是,声学上的韵律特征差异和人类听觉感知上的差异不是直接对应的。通过声学分析发现的韵律特征可以用于语音工程系统中对于反语这种表达方式的识别和合成。但这些韵律特征是否在听觉感知时起作用,还需要设计合成感知实验来验证,这正是本书第 4 章的研究目的。

4

基于韵律参数合成的反语听觉感知实验

4.1 研究背景及研究问题

第3章韵律声学分析实验确认了汉语中反语韵律的存在,随机森林的机器学习算法也确认了使用这些韵律参数可以有效地辨识反语。但这些特征在人类的听觉感知中是否发挥作用,还需要通过参数合成的感知实验来验证。

基于参数合成的语音感知实验,一般是通过系统地调整语音的声学参数以合成新的语音,来考察声学参数的变化给听觉感知结果带来的影响。国内有学者利用这种方法,发现了基频在汉语友好语音的识别感知中的贡献大于时长(李爱军,2005)。本章的实验目的是借助这种方法,考察基频、时长和能量在反语的识别感知中的相对贡献。

以往关于反语语音的感知研究,往往是通过分别调整发音人2种语音(反语和非反语)的声学参数来比较合成语音在感知上的差异(Peters & Almor, 2016; González-Fuente et al. ,2016)。例如,González-Fuente et al. (2016)通过改变中性朗读句关键词位置的基频范围、时长、语调类型等韵律特征,考察这些韵律特征在反语识别中的相对权重。通过听辨感知实验发现,当3种特征同时调整时,反语识别率达到80%左右,但是当分开单独调整时,反语识别率均在45%以下。另外该研究还发现,时长和语调类型的单独改变,会使反语识别率达到40%左右,而基频范围改变,反语识别率只在20%—30%之间。所以该研究认为,基频范围扩大,不能提高反语识别率,而时长的拉长和语调类型的改变,会提高反语识别率。这说明语速和语调类型在反语识别中的作用比基频范围更大。但该研究的缺陷是,通过前期韵律声学分析发现的反语韵律标记是基频均值和基频标准差有统计差异,基频范围没有差异,而随后的听觉感知实验只验证基频范围的作用,没有考察基频均值和标准差的作用。

Peters & Almor(2016)通过对真诚语句关键词位置的韵律参数进行修改(例如基频下降90%,时长平均拉长30%,音强上下调整2.5dB),合成讽刺句,并用5度量表进行评分,结果发现合成的反语讽刺句的平均得分为3.84,显著高于真诚句(2.76)和填充句(2.35)的得分。该研究认为,对真诚表达的关键词位置的声学特征的改变,足够引起听辨者的反语辨识。此外,仅靠韵律可以实现反语讽刺的传递和识别。但该研究有2个缺陷。第一个缺陷是,作者对韵律参数的操纵只作用于关键词位置,而非整句,但目前还没有证据表明,反语韵律特征只体现在关键词位置。而实际上,本书第3章的结果发现,反语和非反语的部分韵律特征在句子开头部分就有所区分。也有脑电等实验(例如Wickens & Perry,2015)发现,被试在句子开始100ms后就能意识到反语韵律和非反语韵律的差异。该研究的第二个缺陷是,调整韵律时没有分开考察基频、时长、音强的相对权重,只考察了声学分析时发现的综合特征。

Burkhardt et al.(2018)通过韵律分析获得反语表达的4种声学策略:夸张的发音、焦点音节的强调、句末基频抬升和较低的唤起度。随后通过Emofilt合成器,改变4种声学策略,而不是具体的声学参数,来验证韵律在反语传递中的作用。Emofilt合成器是柏林工业大学于1998年开发的基于免费的语音合成引擎MBROLA来模拟情绪唤起度的开源软件。该软件可以调整语音的基频、时长、嗓音和发音等参数。结果发现这4种声学策略均可以产生反语含义,而且其中最重要的策略就是夸张句子重音(通过拉长时长、提高基频实现)。

对反语听觉感知的声学相关物的研究才刚刚起步,已有的研究还未对基频、时长和能量等韵律特征的作用进行系统考察。但该领域的研究对语音工程中反语的识别和合成具有重大意义。基于以上研究,本章实验研究的问题是,第3章中声学分析发现的具有统计差异与分类能力的韵律特征是否在反语语音的听辨过程中起作用。

4.2　研究方法

4.2.1　听辨被试

本听觉感知实验招募59名未参与录音和语料文本评估实验的汉语母语者作为听辨人。听觉感知实验根据反语类型分为实验一和实验二。

实验一的材料为基于真诚表扬句的合成语料,让被试判断是否为反语讽刺。该实验共有32名(原为33名)被试,其中女性18名,男性14名(原为15名,但是其中1名被试的数据因操作失误而丢失)。年龄在18.2—30.3岁之间,平均年龄为23.1岁,标准差为2.94岁。实验二的材料为基于真诚批评句的合成语料,让被试判断是否为反语调侃。该实验共有27名被试,其中女性15名,男性12名。年龄在 20.7—30.5 岁之间,平均年龄为 23.5 岁,标准差为 2.94 岁。

参与实验的被试均为南京市高校学生(本科生、硕士研究生或博士研究生),所有被试均报告听力正常,视力或矫正视力正常。本实验经过南京师范大学生物医学研究伦理审查委员会审查并批准,实验开始前均与被试签订书面知情同意书。实验结束后,每名被试均获得适当的报酬。

4.2.2　实验语料筛选

本实验使用的语料为 10 句表达反语讽刺和真诚赞扬的字面赞扬句,以及 10 句表达反语调侃和真诚批评的字面批评句。语料筛选自第 3 章建立的语料库(详情参见 3.2 节)。为了确保语料的自然度和表现力,首先通过 4 名被试对 24 名发音人的语料进行评估,筛选出表现力丰富的 6 名发音人(3 男 3 女)。随后对筛选出的 6 名发音人的所有反语和非反语目标语音的语气进行评估。评估实验招募了 20 名没有参加过此前的录音及文本评估实验的被试,他们平均年龄为 25.5 岁,标准差为 2.83 岁。评估通过 E-Prime 2.0 进行,评估被试对 6 名发音人的 240 句语料(反语讽刺 60 句、真诚赞扬 60 句、反语调侃 60 句、真诚批评 60 句)进行正面或负面评价的 7 度评分。实验判断界面如图 4-1 所示。由于反语讽刺句和真诚赞扬句的字面文本相同,反语调侃和真诚批评的字面文本也相同,为了避免重复效应的存在,实验时将每名发音人的语料平均分为 2 个部分。听辨人也因此被分为 2 组,每组包含 5 男 5 女。

这句话的语气表达的是：

图 4-1　语料筛选评估实验的显示界面

通过该评估实验,计算出每个句子的识别率和语气表达的程度,以此为依据,筛选出反语表达和真诚表达效果较好的 10 个字面赞扬句和 10 个字面批评句。它们在表达反语和非反语时的听辨正确率如表 4-1 所示。

表 4-1　筛选后的字面赞扬句和字面批评句的反语识别率和真诚识别率

单位:%

字面赞扬句			字面批评句		
句子编号	反语讽刺	真诚表达	句子编号	反语调侃	真诚表达
15	83.333	88.333	4	63.333	98.333
19	81.667	81.667	6	56.667	96.667
39	88.333	96.667	8	60.000	98.333
40	78.333	98.333	13	61.667	96.667
45	85.000	76.667	15	60.000	100.000
54	85.000	96.667	19	60.000	98.333
55	83.333	98.333	21	61.667	98.333
58	83.333	73.333	22	58.333	98.333
59	83.333	95.000	26	66.667	100.000
60	90.000	98.333	27	63.333	95.000

4.2.3　参数设置及语音合成方法

据表4-2和表4-3可以发现,女性发音人表达的反语讽刺,其基频均值低于真诚表达2.765st(st为半音单位[①]),音强均值低于真诚表达1.435dB,大约低2.28%,平均语速相差1.141syll/s,大约慢20.16%。而男性发音人表达的反语讽刺,其基频均值比真诚表达约低2.677st,音强均值比真诚表达约低0.581dB,大约低0.91%,平均语速比真诚表达约低1.351syll/s,大约慢25.27%。

就反语调侃而言,女性发音人表达的反语调侃,其基频均值低于真诚表达约2.77%,音强均值比真诚表达低4.855dB,大约低6.94%,平均语速低于真诚表达0.269syll/s,大约慢4.97%。而男性发音人表达的反语调侃,其基频均值高于真诚表达约3.96%,音强均值比真诚表达低4.877dB,约低6.81%,平均语速比真诚表达低0.365syll/s,约慢5.98%。

---

① 由于人们对音高的感知与基频不是线性关系,而是近似对数关系,为了更符合人们的听感特性,同时也为了减小人际差异,本实验将基频由赫兹值转换为半音值(semitone,st),转换公式为 $St = 12 \times \log_2 \times ((F0\_raw)/(F0\_ref))$。其中 F0_raw 为以赫兹为单位的原始基频值,F0_ref 为参考值,一般设为50Hz、100Hz或其他值。本实验设为50Hz。

表 4-2　真诚语音和反语语音的韵律参数均值

语句类型		性别	F0/st	intensity/dB	speaking rate/(syll/s)
字面赞扬句	反语讽刺	女	13.088	61.456	4.519
	真诚赞扬		15.853	62.891	5.660
	反语讽刺	男	7.858	63.016	3.995
	真诚赞扬		10.535	63.597	5.346
字面批评句	反语调侃	女	15.145	65.063	5.148
	真诚批评		15.576	69.918	5.417
	反语调侃	男	8.508	66.782	5.742
	真诚批评		8.184	71.659	6.107

表 4-3　真诚表达和反语表达之间的韵律差异

单位:%

语句类型	性别	基频曲线	音强曲线	语速
真诚赞扬→反语讽刺	女	−17.44	−2.28	−20.16
	男	−25.41	−0.91	−25.27
真诚批评→反语调侃	女	−2.77	−6.94	−4.96
	男	+3.96	−6.81	−5.98

本章的合成实验以真诚语音为母本,将真诚语音的基频、音强和语速等韵律参数做不同幅度的修改,具体如下:

S0.0,对刺激未做任何修改,保留原有韵律参数,作为对照组;

S0.5,将原刺激的韵律参数值修改至真诚语音和反语语音之间差异的 0.5 倍;

S1.0,将真诚刺激的韵律参数值修改至真诚语音和反语语音之间差异的 1 倍;

S1.5,将真诚刺激的韵律参数值修改至真诚语音和反语语音之间差异的 1.5 倍。

调整的公式如下:

调整后的韵律值 = 真诚句原始韵律值 +(反语句韵律值 − 真诚句韵律值)×
系数 　　　　　　　　　　　　　　　　　　　　　　　　　　　　　　　（1）

其中系数分别为 0、0.5、1、1.5,以考察韵律参数的不同修改程度对反语识别率的影响。

4.2.3.1 合成一:从真诚赞扬到反语讽刺

以真诚赞扬语音为母本,通过调整基频、时长和音强,以考察是否能合成出反语效果。具体参数设置和合成方法如下。

1. 基频修改

本实验通过 Praat 软件对 10 个真诚赞扬句的基频曲线进行调整,使其分别下降 10.71%、21.42%、32.13%(见表4-4),以考察基频均值的改变是否会导致反语讽刺效果的出现。选择这 4 个幅度是因为从真诚赞扬到反语讽刺,女性发音人的基频均值相差 2.765st,男性发音人的基频均值相差 2.677st。2.7st 约为真诚赞扬到反语讽刺的基频差值,1.35st 和 4.05st 分别为该差值的 0.5 倍和 1.5 倍。

表4-4 基于真诚赞扬句不同修改程度的基频均值

单位:st

发音人	操纵水平			
	S0.0	S0.5	S1.0	S1.5
	0%	−10.71%	−21.42%	−32.13%
F1	15.851	14.153	12.456	10.758
F2	14.937	13.337	11.737	10.138
F3	16.727	14.936	13.144	11.353
M1	10.57	9.438	8.306	7.174
M2	11.151	9.957	8.762	7.568
M3	9.862	8.806	7.750	6.693

Praat 内置的 Shift Frequency 功能可以上下调整基频曲线,同时保留原来的曲线轮廓。该方法被成功用于韩语礼貌语音的研究(Idemaru et al.,2019)。本实验也是借鉴该实验方法,同时对原始的语音文件进行音强峰值(scale peak)的归一化,以此保证不同语料间没有音强差异。调整的关键步骤代码示例如下:

```
Select wave_id
Scale peak:0.99
Manipulation_id = To Manipulation
Select pitch_id
pitchTier_id = To PitchTier
```

Shift frequencies：0，1000，manipulation parameters，"semitones"

Plus manipulation_id

Replace pitch tier

Get resynthesis（overlap-add）

2. 音强修改

本实验通过 Praat 软件对 10 个真诚赞扬句的音强曲线进行下调，下调幅度分别为约 1%、2% 和 3%（见表 4-5），以此考察音强曲线的变化是否会影响反语的识别。选择这 3 个幅度的原因是真诚赞扬句的音强均值高于反语讽刺句 2.28%（女性发音人）和 0.91%（男性发音人）。2% 的幅度大约为真诚赞扬和反语讽刺的音强差值，1% 和 3% 约为该差值的 0.5 倍和 1.5 倍。

表 4-5　基于真诚赞扬句不同修改程度的音强均值

单位：dB

发音人	操纵水平			
	S0.0	S0.5	S1.0	S1.5
	0%	−1%	−2%	−3%
F1	66.139	65.478	64.816	64.155
F2	67.355	66.681	66.008	65.334
F3	64.283	63.640	62.997	62.355
M1	71.257	70.544	69.832	69.119
M2	70.454	69.749	69.045	68.340
M3	67.896	67.217	66.538	65.859

Praat 软件内置的 scale intensity 功能可以上下移动音强曲线，同时保留原来的轮廓。在合成前，通过 scale peak 功能对不同语料间的音强峰值的差异进行归一化，以保证不会产生削波，同时消除不同语料间的音强峰值差异而保留语料内部的音强变化。调整的关键步骤代码示例如下：

Select wave_id

Scale peak：0.99

Scale intensity：manipulation parameters

Save as WAV file

3. 时长修改

本实验利用 Praat 软件对 10 个真诚赞扬句的语速进行调整,使得语速分别下降 11.5%、23% 和 34.5%(见表4-6)。选择这 3 个幅度是因为真诚赞扬句比反语讽刺的语速快约 20.16%(女性发音人)和 25.27%(男性发音人)。23% 的幅度约为真诚赞扬和反语讽刺的语速平均差值,而 11.5% 和 34.5% 约为差值的 0.5 倍和 1.5 倍。

表 4-6　基于真诚赞扬句不同修改程度的语速

单位:syll/s

发音人	操纵水平			
	S0.0	S0.5	S1.0	S1.5
	0%	−11.5%	−23%	−34.5%
F1	6.230	5.514	4.797	4.081
F2	5.494	4.862	4.230	3.599
F3	5.256	4.652	4.047	3.443
M1	5.167	4.573	3.979	3.384
M2	5.260	4.655	4.050	3.445
M3	5.612	4.967	4.321	3.676

语速的修改就是按照一定时长比例伸缩语音文件。操作的核心步骤代码示例如下。通过该代码,可以只伸缩音频文件的实际发音段,同时保持前后空白段的时长不变:

```
Select wave_id
Scale peak:0.99
Duration_tier = Create DurationTier:"name",0,duration of wave file
Baseline_duration = sentence end time - sentence start time
Target_duration = syllable of sentence/target speaking rate
Change ratio = target duration/baseline duration
Select duration_tier
Add point:time point,change ratio
Plus manipulation_id
```

Replace duration tier

Get resynthesis(overlap-add)

Save as WAV file

4. 基频、音强和时长同时修改

同时修改真诚实验句的基频、音强和时长(标记为 S3.0,下同),使得基频下降 2.7st,音强下降 2%,语速减慢 23%,以考察基频、音强和时长是否会同时发挥作用。

4.2.3.2 合成二:从真诚批评到反语调侃

1. 基频修改

第3章的结果表明,男性发音人和女性发音人在表达反语调侃时,基频具有显著性差异。女性发音人的基频均值会显著低于真诚表达,而男性发音人的基频均值会显著高于真诚表达。基于此结果,在真诚批评的基础上合成出反语调侃时,男性发音人的语音和女性发音人的语音分开合成。具体来讲,女性发音人的语料在真诚批评的基础上,基频曲线分别降低 1.39%、2.77% 和 4.16%;而男性发音人的语料在真诚批评的基础上,分别上升 1.98%、3.96% 和 5.94%(见表4-7)。合成方法和真诚赞扬句的合成方法一致。

表4-7　基于真诚批评句不同合成程度的基频均值

单位:st

发音人		操纵水平			
		S0.0	S0.5	S1.0	S1.5
		0%	−1.39%	−2.77%	−4.16%
女性	F1	16.227	16.001	15.778	15.553
	F2	16.226	16.000	15.777	15.552
	F3	16.374	16.146	15.920	15.694
		0%	+1.98%	+3.96%	5.94%
男性	M1	9.219	9.402	9.584	9.767
	M2	9.908	10.104	10.300	10.497
	M3	7.775	7.929	8.083	8.237

2. 音强修改

根据韵律分析的结果,将真诚批评句的音强曲线分别下调3.5%、7%和10.5%(见表4-8),以考察音强曲线的下降是否会产生反语效果,以及逐级降低的音强曲线是否会产生不同程度的反语效果。具体合成步骤和方法同真诚赞扬句的合成方法一致。

表4-8　基于真诚批评句不同合成程度的音强均值

单位:dB

发音人	操纵水平			
	S0.0	S0.5	S1.0	S1.5
	0%	−3.5%	−7%	−10.5%
F1	71.584	69.079	66.573	64.068
F2	72.085	69.562	67.039	64.516
F3	66.085	63.772	61.459	59.146
M1	72.252	69.723	67.194	64.666
M2	71.127	68.638	66.148	63.659
M3	71.598	69.092	66.586	64.080

3. 时长修改

根据韵律分析的结果,反语调侃句的语速平均低于真诚表达4.96%和5.98%,且没有显著的性别差异。因此,本节基于真诚批评句,将语速减慢2.5%、5%和7.5%(见表4-9),以考察语速逐渐变慢是否会产生反语调侃的效果。

表4-9　基于真诚批评句不同合成程度的语速结果

单位:syll/s

发音人	操纵水平			
	S0.0	S0.5	S1.0	S1.5
	0%	−2.5%	−5%	−7.5%
F1	6.726	6.558	6.390	6.222
F2	5.219	5.089	4.958	4.828
F3	6.170	6.016	5.862	5.707
M1	5.636	5.495	5.354	5.213
M2	5.398	5.263	5.128	4.993
M3	5.642	5.501	5.360	5.219

4.基频、音强和时长同时修改

为了考察基频、音强和时长同时调整后的效果（标记为 S3.0），在真诚批评的基础上,将基频降低 2.77%（女性发音人）或提升 3.96%（男性发音人）,音强降低 7%,语速减慢 5%。

4.2.4 实验过程

听辨实验使用心理学专业刺激呈现软件 E-Prime 开展。每名被试在实验开始前,被告知将要听到一系列语音刺激,然后使用鼠标对每个语音刺激的语气在 7 度量表上打分。其中,−3、−2、−1 代表该语气为负面评价,即否定批评;1、2、3 代表该语气为正面评价,即肯定赞扬;0 代表该语气无法判断。每个刺激仅听一遍。

正式实验开始前,先有一个练习任务,基于 5 个刺激做练习,以便被试熟悉实验任务和实验流程。练习任务结束后,若被试没有对实验流程和任务提出疑问,则开始正式实验。其中,32 名被试对字面赞扬的合成语音进行辨别,另外 27 名被试对字面批评的合成语音进行辨别。2 个实验独立开展。具体实验流程如图 4-2 所示。

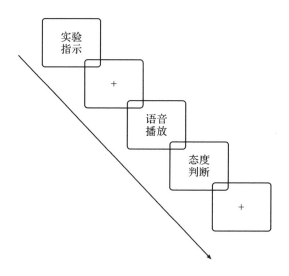

图 4-2 听辨实验流程示意图

4.2.5 统计方法

听辨结果分 2 个步骤分析。首先,将结果重新编码为"反语"和"真诚"二值分布的数据。若被试将字面批评的刺激判断为 −3、−2 或 −1,则重新编码为"真诚";若判断为 1、2 或 3,则重新编码为"反语"。同样,若被试将字面赞扬的刺激判断为 1、2 或 3,则重新编码为"真诚";若判断为 −3、−2 或 −1,则重新编码为"反语"。

随后,对反语识别结果采用适用范围更广的广义线性混合模型(Generalized Mixed-effect Model,GLMM)进行统计分析,使用 R 语言中的 afex 包(Westfall et al.,2019),统计模型构建以"识别结果"为二元因变量(1 代表识别为反语,0 代表识别为真诚),以"操纵水平"(S0.0、S0.5、S1.0、S1.5、S3.0)和听辨人性别(男、女)为固定效应因子,以发音人和句子为随机效应因子。为了达到最大化随机效应结构,以"操纵水平"为发音人和句子的随机斜率,随机截距设置为1。最大化随机效应结构的广义线性混合模型如下:

$$Log\ (\ Irony\ /\ Sincere\ )\ =\ b_0\ +\ b_1\ *\ Manipulation\ Level\ +\ b_2\ *\ Gender\ +\ Manipulation\ Level\ *\ Gender\ +\ (\ 1\ +\ Manipulation\ Level\ |\ Speaker\ )\ +\ (\ 1\ +\ Manipulation\ Level\ |\ Sentence\ )$$

为了使模型收敛,决定去除句子的随机斜率,最终模型为:

$$Log\ (\ Irony\ /\ Sincere\ )\ =\ b_0\ +\ b_1\ *\ Manipulation\ Level\ +\ b_2\ *\ Gender\ +\ Manipulation\ Level\ *\ Gender\ +\ (\ 1\ +\ Manipulation\ Level\ |\ Speaker\ )\ +\ (\ 1\ |\ Sentence\ )$$

4.3 实验结果

听觉感知实验结果根据合成内容分为 2 类:第一类是从真诚赞扬句合成至对应的反语讽刺句;第二类是从真诚批评句合成至对应的反语调侃句。

4.3.1 从真诚赞扬合成至反语讽刺

从真诚赞扬句合成至反语讽刺的语音刺激,对其听辨结果进行 2 个维度的统计分析。首先根据反语识别率分析不同程度的参数调整是否会产生反语讽刺的效果,然后根据反语程度分析产生的反语讽刺是否存在不同程度的差异。

4.3.1.1 反语识别率分析

通过修改真诚赞扬句的时长、基频和音强参数获得的反语讽刺的识别率如表 4-10 所示。从描述性统计上看,没有任何参数修改(S0.0)时,真诚赞扬句被识别为反语讽刺的平均概率为 14.040%。将句子语速调整至真诚赞扬和反语讽刺之间差异的 0.5 倍时(S0.5),反语讽刺的识别率为 27.312%,语速调整至两者之间差异的 1 倍时(S1.0),反语讽刺的识别率达 55.484%,而语速调整至两者之间差异的 1.5 倍时(S1.5),反语讽刺的识别率递增至 77.957%。这说明随着语速逐渐变慢,真诚赞扬句会越来越多地被感知为反语讽刺。

对基频的修改,也具有类似的反语感知效果,即随着真诚赞扬句的基频轮廓逐渐降低时,真诚赞扬句被感知为反语讽刺的识别率在逐步增加。但对音强轮廓的调整没有得到相似的感知模式,即反语识别率没有随着音强降低而增加。

表 4-10　基于真诚赞扬句的时长、基频、音强调整后反语讽刺的识别率

单位:%

操纵水平	duration	pitch	intensity
S0.0	14.178	12.903	15.038
S0.5	27.312	17.742	16.452
S1.0	55.484	23.118	16.237
S1.5	77.957	33.118	16.022
S3.0	27.957		

对因时长、基频和音强的修改而产生的反语感知效果,除了用主观描述的方法分析,本实验还借助广义线性混合模型进行定量分析,结果如下。

1. 时长修改

广义线性混合模型的统计结果显示,单独修改时长时,操纵水平在反语识别率上的主效应显著[$\chi^2(4)=26.210, p<0.0001$],听辨者性别的主效应不显著[$\chi^2(1)=3.420, p=0.0600$],但听辨者性别和操纵水平的交互效应显著[$\chi^2(4)=10.800, p=0.0300$]。这表明不同程度的时长修改会显著影响听辨者对反语讽刺的识别,而且其受到听辨者性别因素的影响。

结合反语讽刺识别率和 Tukey 多重比较分析(见表 4-11)可知,真诚赞扬句的时长未修改时(S0.0),其反语识别率为 14.178% 左右。把真诚赞扬句的语速降低至真诚赞扬句和反语讽刺句两者之间差异的 0.5 倍时(S0.5),无论男、女听辨人,真诚赞扬句的反语识别率平均为 27.312%,显著高于未修改的条件(女:$b=0.685, \mathrm{SE}=0.177, z=3.871, p=0.0010$;男:$b=1.163, \mathrm{SE}=0.202, z=5.755, p<$

0.0001），且男性听辨人的差异量级大于女性听辨人。当真诚赞扬句的语速降低至两者差异的 1 倍时，真诚赞扬句的反语识别率平均为 55.484%，无论男、女听辨人，均显著地高于 0.5 倍差异的条件（女：$b = 1.914$，$SE = 0.221$，$z = 8.644$，$p < 0.0001$；男：$b = 2.564$，$SE = 0.243$，$z = 10.537$，$p < 0.0001$），且男性听辨人的差异量级大于女性听辨人。而当真诚赞扬句的语速继续降低至两者之间差异的 1.5 倍时，真诚赞扬句的反语识别率增加至 77.957%，无论男、女听辨人，识别率均显著地高于降低至 1 倍时的条件（女：$b = 1.068$，$SE = 0.142$，$z = 7.519$，$p < 0.0001$；男：$b = 1.192$，$SE = 0.168$，$z = 7.103$，$p < 0.0001$），且男性听辨人的差异量级大于女性听辨人。

表 4-11　修改时长后反语讽刺识别率的多重比较统计结果

性别	Contrast	b	SE	z-ratio	p-value	Odds Ratio
女性	S0.5—S0.0	0.685	0.177	3.871	0.0010	1.984
	S1.0—S0.0	1.914	0.221	8.644	<0.0001	6.779
	S1.5—S0.0	2.982	0.216	13.793	<0.0001	19.721
	S1.0—S0.5	1.229	0.204	6.013	<0.0001	3.417
	S1.5—S0.5	2.297	0.203	11.288	<0.0001	9.940
	S1.5—S1.0	1.068	0.142	7.519	<0.0001	2.909
男性	S0.5—S0.0	1.163	0.202	5.755	<0.0001	3.199
	S1.0—S0.0	2.564	0.243	10.537	<0.0001	12.985
	S1.5—S0.0	3.760	0.246	15.247	<0.0001	42.777
	S1.0—S0.5	1.401	0.213	6.572	<0.0001	4.060
	S1.5—S0.5	2.593	0.221	11.737	<0.0001	13.372
	S1.5—S1.0	1.192	0.168	7.103	<0.0001	3.294

综合来看，真诚赞扬句的语速逐步降低至两者之间差异的 0.5 倍、1 倍、1.5 倍时，越来越多的真诚赞扬句会被感知为反语讽刺。这表明语速的降低是听者识别反语讽刺的重要依据。此外，男性听者会比女性听者更多地根据时长线索来识别反语讽刺。

2. 基频修改

广义线性混合模型的统计结果显示，单独调整真诚赞扬句的基频时，操纵水平在反语识别率上的主效应显著［$\chi^2(4) = 14.460$，$p = 0.0060$］，而听辨人性别的主效应$[\chi^2(1)=2.180, p=0.1400]$和操纵水平的交互效应$[\chi^2(4)=5.750, p=0.2200]$均不显著。这表明单独修改基频会影响听辨人对反语讽刺的判断,但听辨人的性别对反语识别率没有影响。

结合反语讽刺识别率和 Tukey 多重比较分析(见表 4-12)发现,当真诚赞扬句的基频曲线没有修改时(S0.0),反语的识别率为 12.903%。把真诚赞扬句的基频曲线调低至两者之间差异的 0.5 倍时(S0.5),反语讽刺的识别率为 17.742%,显著高于未调整时的识别率$(b=456, SE=0.146, z=3.125, p=0.0153)$。而把真诚赞扬句的基频曲线调整至两者之间差异的 1 倍时(S1.0),产生的反语识别率和调整至 0.5 倍时产生的反语识别率之间的差异不显著$(p=0.2345)$,但会显著高于未修改时的识别率$(b=0.781, SE=0.181, z=4.306, p=0.0002)$。把真诚赞扬句的基频曲线继续调低至两者之间差异的 1.5 倍时,反语识别率为 33.118%,会显著高于调整至 1 倍时的反语识别率$(b=0.571, SE=0.174, z=3.279, p=0.0092)$。

表 4-12　修改基频后反语讽刺识别率的多重比较统计结果

Contrast	b	SE	z-ratio	p-value	Odds Ratio
S0.5—S0.0	0.456	0.146	3.125	0.0153	1.578
S1.0—S0.0	0.781	0.181	4.306	0.0002	2.184
S1.5—S0.0	1.352	0.236	5.720	<0.0001	3.865
S1.0—S0.5	0.325	0.157	2.067	0.2345	1.384
S1.5—S0.5	0.896	0.194	4.624	<0.0001	2.450
S1.5—S1.0	0.571	0.174	3.279	0.0092	1.770

总体看来,真诚赞扬句的基频曲线调整至真诚赞扬句和反语讽刺句之间差异的 0.5 倍、1 倍和1.5倍时,越来越多的真诚赞扬句会被感知为反语讽刺,但调整至 0.5 倍和 1 倍之间获得的反语识别率没有统计上的差异显著性。另外,不管哪个程度的调整,获得的反语识别率均低于单独修改时长时的反语识别率。这说明单独调整基频均值也会产生部分反语讽刺的效果,但效果低于单独调整时长。

3.音强修改

统计结果显示,单独调整音强时,操纵水平在反语识别率上的主效应显著$[\chi^2(4)=15.1, p=0.004]$,但听辨人性别$[\chi^2(1)=3.000, p=0.0800]$及其与操纵水平的交互效应$[\chi^2(4)=2.880, p=0.5800]$均不显著。这说明单独修改音强会显著影响听辨人的反语讽刺的识别,但听辨人的性别对反语讽刺的识别率没有影响。

结合反语讽刺识别率和 Tukey 多重比较分析(见表 4-13)可知,真诚赞扬句在音强参数未修改时,其反语识别率为 15.038%。把真诚赞扬句的音强曲线调低至两者之间差异的 0.5 倍、1 倍和 1.5 倍时产生的反语识别率,两两之间的差异均不显著。这表明真诚赞扬句的音强曲线的单独调整未能显著改变其反语讽刺的识别率。音强曲线的单独调整并不是汉语反语讽刺的感知依据。

表 4-13 修改音强后反语讽刺识别率的多重比较统计结果

Contrast	b	SE	z-ratio	p-value	Odds Ratio
S0.5—S0.0	0.125	0.144	0.866	0.9093	1.133
S1.0—S0.0	0.110	0.186	0.587	0.9771	1.116
S1.5—S0.0	0.062	0.175	0.353	0.9967	1.064
S1.0—S0.5	−0.016	0.160	−0.097	0.9999	0.985
S1.5—S0.5	−0.063	0.161	−0.391	0.9951	0.939
S1.5—S1.0	−0.048	0.194	−0.245	0.9992	0.953

4. 时长、基频和音强同时修改

研究除了考察单独调整时长、基频和音强参数产生的反语讽刺的识别率,还考察了三者同时调整的效果。根据反语识别率结果,时长、基频和音强同时调整时,真诚赞扬句产生的反语识别率为 27.957%,会显著优于未修改的条件。

结合 Tukey 多重比较的结果(见表 4-14)可知,与单独修改时长时获得的反语识别率相比,同时修改时(S3.0)获得的反语识别率和单独修改时长至 0.5 倍时的反语识别率之间没有显著差异(女听辨人:$p = 0.9928$;男听辨人:$p = 0.9999$),但会显著低于修改至 1 倍(女:$b = -1.153$,$SE = 0.212$,$z = -5.447$,$p < 0.0001$;男:$b = -1.391$,$SE = 0.221$,$z = -6.297$,$p < 0.0001$)和 1.5 倍(女:$b = -2.221$,$SE = 0.207$,$z = -10.734$,$p < 0.0001$;男:$b = -2.583$,$SE = 0.225$,$z = -11.490$,$p < 0.0001$)时的反语识别率。这说明时长、基频和音强同时修改产生的反语讽刺的效果,与单独修改时长至两者差异的 0.5 倍的效果一样,但会弱于修改至 1 倍和 1.5 倍时的效果。这表明时长是感知反语讽刺时有效的声学相关物。三者同时修改,其反语效果反而降低,可能的原因有二:第一,听辨人只依靠时长来判断反语讽刺,基频和音强线索的参与会干扰听辨人的判断;第二,听辨人需要同时依靠时长、基

频和音强 3 种声学线索来识别反语讽刺,但是这 3 种声学线索之间的作用存在较为复杂的组合,而同时修改至 1 倍时并不是最佳的组合。这 2 个可能存在的原因需要通过进一步的实验来验证。

表 4-14 时长、基频、音强同时修改和单独修改产生的反语讽刺识别率的多重比较统计结果

比较	Contrast	b	SE	z-ratio	p-value	Odds Ratio
和时长修改相比（女听辨人）	S3.0—S0.0	0.761	0.192	3.954	0.0007	2.141
	S3.0—S0.5	0.076	0.176	0.432	0.9928	1.079
	S3.0—S1.0	−1.153	0.212	−5.447	<0.0001	0.316
	S3.0—S1.5	−2.221	0.207	−10.734	<0.0001	0.109
和时长修改相比（男听辨人）	S3.0—S0.0	1.173	0.216	5.420	<0.0001	3.231
	S3.0—S0.5	0.010	0.185	0.055	0.9999	1.010
	S3.0—S1.0	−1.391	0.221	−6.297	<0.0001	0.249
	S3.0—S1.5	−2.583	0.225	−11.490	<0.0001	0.076
和基频修改相比	S3.0—S0.0	1.092	0.159	6.884	<0.0001	2.980
	S3.0—S0.5	0.636	0.130	4.902	<0.0001	1.889
	S3.0—S1.0	0.311	0.125	2.482	0.0946	1.365
	S3.0—S1.5	−0.260	0.158	−1.649	0.4658	0.771
和音强修改相比	S3.0—S0.0	0.894	0.168	5.322	<0.0001	2.445
	S3.0—S0.5	0.769	0.140	5.504	<0.0001	2.158
	S3.0—S1.0	0.785	0.128	6.142	<0.0001	2.192
	S3.0—S1.5	0.832	0.170	4.907	<0.0001	2.298

与单独修改基频相比,同时修改时长、基频和音强（S3.0）产生的反语识别率会显著优于单独修改基频至 0.5 倍的效果（$b = 0.636$,$SE = 0.130$,$z = 4.902$,$p < 0.0001$）,但与修改基频至 1 倍（$p = 0.0946$）和 1.5 倍（$p = 0.4658$）的反语效果差异均不显著。这说明时长、基频和音强同时修改产生的反语效果会优于单独修改基频至两者差异的 0.5 倍时的效果,但弱于基频曲线继续降低产生的反语效果。

与单独修改音强相比,同时修改时长、基频和音强（S3.0）产生的反语效果会显著优于单独修改音强至 0.5 倍（$b = 0.769$,$SE = 0.140$,$z = 5.504$,$p < 0.0001$）、1 倍（$b = 0.785$,$SE = 0.128$,$z = 6.142$,$p < 0.0001$）和 1.5 倍（$b = 0.832$,$SE =$

0.170，$z = 4.907$，$p < 0.0001$）的效果。这说明时长、基频和音强同时修改产生的反语效果会显著地优于单独调整音强参数产生的反语效果。

综合起来看，同时修改真诚赞扬句的时长、基频和音强产生的反语讽刺的效果，会弱于单独修改时长产生的反语讽刺效果，但会优于单独调整基频和音强产生的反语讽刺效果。

4.3.1.2 反语程度分析

根据表4-15可知，当单独修改真诚赞扬句的时长至和反语讽刺差异的0.5倍时，被判断为反语的句子中，选择最多的反语程度是"-1"，也就是较弱程度的反语。当真诚赞扬句的时长降低至和反语讽刺差异的1倍时，被判定为反语的句子中，选择最多的程度是"-2"，也就是中等程度的反语。当真诚赞扬句的时长降低至和反语讽刺差异的1.5倍时，被判断为反语的句子中，选择最多的程度是"-3"，也就是较强程度的反语。这个结果表明，随着真诚赞扬句的语速越来越慢，不仅其反语识别率会越来越高，感知到的反语讽刺的程度也会越来越强烈。

表4-15　基于真诚赞扬句的韵律参数修改产生的反语程度汇总表

单位：%

修改参数	修改程度	负面评价			无法判断	正面评价		
		-3	-2	-1	0	1	2	3
duration	S0.0	1.826	4.404	7.948	0.537	29.108	32.009	24.168
	S0.5	4.624	10.753	11.935	0.215	25.376	29.892	17.204
	S1.0	15.054	20.215	20.215	1.398	22.366	13.763	6.989
	S1.5	36.452	21.828	19.677	1.183	10.430	6.667	3.763
pitch	S0.0	1.828	3.978	7.097	0.323	23.978	37.634	25.161
	S0.5	3.333	5.269	9.140	0.538	28.280	34.731	18.710
	S1.0	3.441	8.387	11.290	0.645	31.828	31.398	13.011
	S1.5	7.312	9.785	16.022	0.645	29.570	24.839	11.828
intensity	S0.0	1.933	5.263	7.841	0.322	22.234	35.446	26.960
	S0.5	3.226	5.591	7.634	0.538	22.688	35.376	24.946
	S1.0	1.398	5.914	8.925	0.323	22.903	38.495	22.043
	S1.5	1.935	5.699	8.387	0.430	23.978	35.376	24.194

当单独修改真诚赞扬句的基频曲线至与反语讽刺差异的0.5倍、1倍和1.5倍时,被判断为反语的句子中,选择最多的反语程度均为"-1",概率分别是9.140%、11.290%、16.022%。这表明降低真诚赞扬句的基频曲线会产生越来越高的反语效果,但产生的反语程度均较低,没有产生不同程度的反语。

当单独修改真诚赞扬句的音强曲线时,随着真诚赞扬句音强曲线的逐步降低,产生了部分反语效果,这些被感知为反语的句子,其反语程度选择最多的均是"-1",分别为7.634%、8.925%和8.387%。这说明降低真诚赞扬句的音强曲线时,产生的反语效果及程度均较低,也没有产生不同程度的反语。

综合起来看,只有时长逐步拉长,即语速逐步变慢时,既会产生越来越高的反语效果,也会产生程度越来越强烈的反语。基频曲线的逐步降低,会产生越来越高的反语效果,但程度均较低。音强曲线逐步降低时,产生的反语效果及程度均较低。

4.3.2 从真诚批评合成至反语调侃

从真诚批评句合成至反语调侃的语音刺激,对其听辨结果也进行2个维度的统计分析。首先分析不同程度的参数调整是否会产生反语调侃的效果,然后分析产生的反语调侃是否存在不同程度的差异。真诚批评句在分步调整其时长、基频和音强后的反语识别率如表4-16所示。

表4-16 基于真诚批评句的时长、基频和音强调整后反语调侃的识别率

单位:%

操纵水平	duration	pitch(male)	pitch(female)	intensity
S0.0	15.062	15.309	16.543	14.815
S0.5	21.605	21.728	19.506	22.346
S1.0	24.198	25.679	20.741	23.580
S1.5	26.420	32.346	28.148	24.938
S3.0	28.519	25.926	31.111	28.519

4.3.2.1 反语识别率分析

1.时长修改

广义线性混合模型的统计结果显示,单独修改时长时,操纵水平在反语识别率上的主效应显著$[\chi^2(4)=16.590, p=0.0020]$，但听辨人性别的主效应不显著$[\chi^2(1)=0.990, p=0.3200]$，性别和操纵水平的交互效应也不显著$[\chi^2(4)=3.250, p=0.5200]$。这表明不同程度的时长修改会显著影响反语调侃的识别率，但反语调侃识别率不受听辨人性别的影响。

结合反语调侃识别率和 Tukey 多重比较分析（见表 4-17）可知，真诚批评句在时长参数未修改时，其反语识别率为 15.062%。当真诚批评句的时长拉长至和反语调侃句之间差异的 0.5 倍时，产生的反语识别率为 21.605%，显著高于未修改时的反语识别率（$b=0.564, SE=0.141, z=3.992, p=0.0006$）。当真诚批评句的时长拉长至和反语调侃句之间差异的 1 倍时，其反语识别率为 24.198%，和 0.5 倍的差异不显著（$p=0.7926$），但会显著高于未修改时的反语识别率（$b=0.713, SE=0.134, z=5.321, p<0.0001$）。当真诚批评句的时长继续拉长至与反语调侃句之间差异的 1.5 倍时，其反语识别率为 26.420%，与修改至 0.5 倍（$p=0.2474$）和 1 倍（$p=0.8261$）时的差异均不显著，但会显著高于未修改时的反语识别率（$b=0.839, SE=0.134, z=6.267, p<0.0001$）。

表 4-17　修改时长后反语调侃识别率的多重比较统计结果

Contrast	b	SE	z-ratio	p-value	Odds Ratio
S0.5—S0.0	0.564	0.141	3.992	0.0006	1.758
S1.0—S0.0	0.713	0.134	5.321	<0.0001	2.040
S1.5—S0.0	0.839	0.134	6.267	<0.0001	2.314
S1.0—S0.5	0.149	0.133	1.127	0.7926	1.161
S1.5—S0.5	0.275	0.135	2.039	0.2474	1.317
S1.5—S1.0	0.125	0.118	1.062	0.8261	1.133

综合来看，单独调整真诚批评句的时长至两者之间差异的 0.5 倍、1 倍和 1.5 倍时，产生的反语识别率均会高于未修改时的反语识别率，但不同程度的调整之间没有显著的差异。这说明时长拉长、语速降低可以产生部分反语调侃的效果，但效果较低，且没有程度的差异。

2. 基频修改

广义线性混合模型的统计结果显示，单独调整男性发音人表达的真诚批评句的基频曲线时，操纵水平在反语识别率上的主效应显著$[\chi^2(4)=8.830, p=$

$0.0070]$,听辨人性别的主效应也显著$[\chi^2(1)=6.160,p=0.0100]$,但性别和操纵水平的交互效应不显著$[\chi^2(4)=2.520,p=0.6400]$。这表明单独调整男性发音人表达的真诚批评句的基频曲线会影响反语调侃的识别,但识别率不受听辨人性别的影响。

结合反语调侃识别率和Tukey多重比较分析(见表4-18)可知,对于男性发音人表达的真诚批评句,单独提高基频曲线至两者之间差异的0.5倍时,其反语识别率为21.728%,和未修改产生的反语识别率之间差异不显著($p=0.0928$)。当真诚批评句的基频曲线提高至差异的1倍时,真诚批评句的反语识别率为25.679%,和0.5倍的调整差异也不显著($p=0.6653$),但会显著高于未调整时的反语识别率($b=0.707,SE=0.188,z=3.764,p=0.0016$)。当真诚批评句的基频曲线提高至两者之间差异的1.5倍时,其反语识别率为32.346%,显著高于未修改($b=1.056,SE=0.189,z=5.597,p<0.0001$)和0.5倍($b=0.578,SE=0.167,z=3.456,p=0.0050$)时的反语识别率,但和1倍时的反语识别率差异不显著($p=0.2019$)。

表4-18 修改基频曲线后男性发音人反语调侃识别率的多重比较统计结果

Contrast	b	SE	z-ratio	p-value	Odds Ratio
S0.5—S0.0	0.478	0.192	2.490	0.0928	1.613
S1.0—S0.0	0.707	0.188	3.764	0.0016	2.027
S1.5—S0.0	1.056	0.189	5.597	<0.0001	2.874
S1.0—S0.5	0.229	0.17	1.341	0.6653	1.257
S1.5—S0.5	0.578	0.167	3.456	0.0050	1.782
S1.5—S1.0	0.349	0.163	2.143	0.2019	1.418

这说明,对于男性发音人来说,真诚批评句的基频曲线上升,会产生部分反语调侃的效果。但这个效果需要较大程度的提升才会在听觉感知中发挥作用。

广义线性混合模型的统计结果显示,对于女性发音人表达的真诚批评句,单独降低其基频曲线时,操纵水平在反语识别率上的主效应显著$[\chi^2(4)=8.950,p=0.0060]$,但听辨人性别的主效应不显著$[\chi^2(1)=2.260,p=0.1300]$,性别和操纵水平的交互效应也不显著$[\chi^2(4)=3.980,p=0.4100]$。这表明,对于女性发音人表达的真诚批评句,单独降低其基频曲线,会显著影响反语调侃的识别率,但不受听辨人性别的影响。

结合反语调侃识别率和 Tukey 多重比较分析（见表4-19）可知，单独降低女性发音人表达的真诚批评句的基频曲线时，产生的反语调侃的识别率为19.506%，但和未修改的条件下产生的反语识别率之间没有显著差异（$p = 0.8715$）。当真诚批评句的基频曲线降低至两者之间差异的1倍时，其反语识别率为20.741%，与未修改时的反语识别率（$p = 0.5862$）和修改至0.5倍时的反语识别率（$p = 0.9822$）的差异均不显著。当真诚批评句的基频曲线降低至两者之间差异的1.5倍时，其反语识别率为28.148%，显著高于未修改（$b = 0.691, \text{SE} = 0.179, z = 3.86, p = 0.0011$）和0.5倍（$b = 0.506, \text{SE} = 0.174, z = 2.916, p = 0.0292$）时的反证识别率，但和1倍的差异不显著（$p = 0.1379$）。

表4-19　修改基频曲线后女性发音人反语调侃识别率的多重比较统计结果

Contrast	b	SE	z-ratio	p-value	Odds Ratio
S0.5—S0.0	0.185	0.192	0.964	0.8715	1.203
S1.0—S0.0	0.286	0.195	1.464	0.5862	1.331
S1.5—S0.0	0.691	0.179	3.86	0.0011	1.996
S1.0—S0.5	0.101	0.185	0.548	0.9822	1.106
S1.5—S0.5	0.506	0.174	2.916	0.0292	1.659
S1.5—S1.0	0.405	0.175	2.322	0.1379	1.499

综合来看，对于女性发音人来说，单独降低真诚批评句的基频曲线至两者之间差异的0.5倍、1倍时，其产生的反语识别率和未修改时的反语识别率没有显著差异，直到降低至反语调侃的1.5倍时，反语识别率才会高于未修改和0.5倍时的反语识别率。这说明，对于女性发音人来说，真诚批评句基频曲线的降低会产生部分反语调侃的效果，但这个效果需要较大程度的降低才会在反语的听觉感知中发挥作用。

3. 音强修改

广义线性混合模型的统计结果显示，单独降低音强曲线时，操纵水平在反语识别率上的主效应显著［$\chi^2(4) = 13.080, p = 0.0100$］，但听辨人性别的主效应不显著［$\chi^2(1) = 1.620, p = 0.2000$］，性别和操纵水平的交互效应也不显著［$\chi^2(4) = 3.750, p = 0.4400$］。这表明单独修改真诚批评句的音强曲线，会显著地影响反语调侃的识别率，但不受听辨人性别的影响。

结合反语调侃识别率和 Tukey 多重比较分析(见表 4-20)可知,当单独降低真诚批评句的音强曲线至真诚批评和反语调侃之间差异的 0.5 倍时,其反语识别率为 22.346%,会显著高于未修改时的反语识别率($b=0.544$,$SE=0.189$,$z=2.872$,$p=0.0332$)。当真诚批评句的音强曲线降低至差异的 1 倍时,其反语识别率为 23.580%,和 0.5 倍时的差异不显著($p=0.9767$),但会显著高于未修改时的反语识别率($b=0.621$,$SE=0.161$,$z=3.853$,$p=0.0011$)。当真诚批评句的音强曲线降低至差异的 1.5 倍时,其反语识别率为 24.938%,与 0.5 倍($p=0.7808$)和 1 倍($p=0.9652$)之间的差异均不显著,但会显著高于未修改时的反语识别率($b=0.700$,$SE=0.164$,$z=4.238$,$p=0.0002$)。

表 4-20　修改音强曲线后反语调侃识别率的多重比较统计结果

Contrast	b	SE	z-ratio	p-value	Odds Ratio
S0.5—S0.0	0.544	0.189	2.872	0.0332	1.723
S1.0—S0.0	0.621	0.161	3.853	0.0011	1.860
S1.5—S0.0	0.700	0.164	4.283	0.0002	2.015
S1.0—S0.5	0.077	0.130	0.590	0.9767	1.080
S1.5—S0.5	0.156	0.136	1.148	0.7808	1.169
S1.5—S1.0	0.080	0.121	0.658	0.9652	1.083

综合来看,真诚批评句的音强曲线降低至两者之间差异的 0.5 倍、1 倍和 1.5 倍时,会产生部分反语调侃的效果,但产生的反语调侃的效果没有随着音强曲线的下降而显著增加。

4. 时长、基频和音强同时修改

除了考察单独修改真诚批评句的时长、基频和音强是否会产生反语调侃的效果外,本实验还考察了 3 种韵律参数同时修改的作用。根据反语识别率的结果可知,对真诚批评句的时长、基频和音强(S3.0)同时修改,产生的反语识别率为 29.78%(女性发音人)或 27.65%(男性发音人),会显著高于未修改时产生的反语识别率。这说明同时修改 3 种参数会产生部分反语调侃的效果。

多重比较的结果(见表 4-21)显示,与单独修改时长相比,同时修改时长、基频和音强(S3.0)产生的反语调侃效果,与单独修改时长至差异的 0.5 倍、1 倍和 1.5 倍时的差异均不显著。这说明单独修改真诚批评句的时长产生的反语调侃效果,与同时修改时长、基频和音强产生的反语调侃效果之间没有显著差异,但均会高于未修改时的效果($b = 0.942$, $SE = 0.145$, $z = 6.494$, $p < 0.0001$)。

表4-21 时长、基频、音强同时修改和单独修改产生的反语调侃识别率的多重比较统计结果

参数	Contrast	b	SE	z-ratio	p-value	Odds Ratio
和时长修改相比	S3.0—S0.0	0.942	0.145	6.494	< 0.0001	2.565
	S3.0—S0.5	0.377	0.157	2.409	0.1128	1.458
	S3.0—S1.0	0.228	0.127	1.803	0.3715	1.256
	S3.0—S1.5	0.103	0.122	0.842	0.9175	1.108
和基频修改相比（男听辨人）	S3.0—S0.0	0.723	0.219	3.294	0.0087	2.061
	S3.0—S0.5	0.245	0.193	1.270	0.7099	1.278
	S3.0—S1.0	0.017	0.190	0.087	0.9999	1.017
	S3.0—S1.5	−0.333	0.173	−1.922	0.3056	0.717
和基频修改相比（女听辨人）	S3.0—S0.0	0.843	0.183	4.617	< 0.0001	2.323
	S3.0—S0.5	0.659	0.192	3.433	0.0054	1.933
	S3.0—S1.0	0.557	0.200	2.780	0.0432	1.745
	S3.0—S1.5	0.152	0.175	0.869	0.9085	1.164
和音强修改相比	S3.0—S0.0	0.878	0.150	5.848	< 0.0001	2.407
	S3.0—S0.5	0.334	0.187	1.788	0.3806	1.397
	S3.0—S1.0	0.258	0.153	1.689	0.4410	1.294
	S3.0—S1.5	0.178	0.142	1.254	0.7194	1.195

与单独修改基频相比,同时修改真诚批评句的时长、基频和音强产生的反语调侃的效果,与单独调整男性发音人表达的真诚批评句的基频至差异的0.5倍、1倍和1.5倍时产生的反语调侃效果均没有差异,但会显著高于未修改时的效果($b = 0.723$, $SE = 0.219$, $z = 3.294$, $p = 0.0087$),也会显著高于女性发音人单独降低基频曲线至差异的0.5倍($b = 0.659$, $SE = 0.192$, $z = 3.433$, $p = 0.0054$)和1倍($b = 0.557$, $SE = 0.200$, $z = 2.780$, $p = 0.0432$)时产生的反语调侃效果。这说明,同时修改真诚批评句的时长、基频和音强产生的反语调侃效果,与单独修改男性发音人的基频曲线的效果没有差异,但会优于单独修改女性发音人的基频曲线产生的反语调侃效果。

与单独修改音强相比,同时修改真诚批评句的时长、基频和音强 3 种韵律参数产生的反语调侃效果,与单独修改音强曲线至差异的 0.5 倍、1 倍和 1.5 倍时产生的反语效果均没有显著的统计性差异,仅会显著高于未修改时的效果($b = 0.878$, $\mathrm{SE} = 0.150$, $z = 5.848$, $p < 0.0001$)。这说明,同时修改 3 个参数产生的反语调侃效果没有优于单独修改音强产生的反语调侃效果。

综合来看,同时修改真诚批评句的时长、基频和音强产生的反语调侃的效果会优于单独修改时长、基频和音强产生的效果。这个结果和反语讽刺的感知结果不一致,具体原因也值得在以后的实验中进一步验证和分析。

4.3.2.2 反语程度分析

根据表 4-22 可以发现,当单独修改真诚批评句的时长至真诚批评和反语调侃之间差异的 0.5 倍、1 倍和 1.5 倍时,被判断为反语调侃的句子中,反语程度选择最多的是"1"(较弱程度),概率分别为 10.494%、11.358%、10.741%。这说明真诚批评句的时长逐步拉长时,只能产生较弱程度的反语调侃,而且没有随着时长的逐级调整而产生不同程度的反语。

表 4-22　基于真诚批评句的韵律参数修改产生的反语程度汇总表

单位:%

修改类型	修改程度	负面评价			无法判断	正面评价		
		−3	−2	−1	0	1	2	3
duration	S0.0	29.506	30.864	25.432	0.370	9.630	4.198	0.000
	S0.5	28.519	26.790	23.086	0.123	10.494	9.136	1.852
	S1.0	26.296	27.654	21.358	0.494	11.358	10.247	2.593
	S1.5	25.062	27.037	21.358	0.123	10.741	10.617	5.062
pitch（male）	S0.0	33.827	27.407	23.704	0.000	11.605	3.210	0.247
	S0.5	27.901	26.420	22.222	0.741	9.630	11.358	1.728
	S1.0	30.864	20.494	22.222	0.741	12.593	9.383	3.704
	S1.5	26.914	21.728	17.531	1.235	8.889	17.531	6.173

修改类型	修改程度	负面评价			无法判断	正面评价		
		−3	−2	−1	0	1	2	3
pitch（female）	S0.0	29.630	28.395	25.432	0.000	9.630	6.667	0.247
	S0.5	26.173	24.938	28.148	0.494	10.864	7.160	2.222
	S1.0	21.481	26.420	29.383	1.975	9.136	8.395	3.210
	S1.5	22.469	21.481	27.407	0.741	12.840	10.864	4.198
intensity	S0.0	33.457	28.148	22.840	0.494	9.136	5.432	0.494
	S0.5	27.284	27.531	22.099	0.741	12.963	7.654	1.728
	S1.0	25.309	26.173	24.815	0.123	12.099	9.136	2.346
	S1.5	27.531	23.951	22.840	0.741	11.975	10.617	2.346

当单独修改男性发音人表达真诚批评句的基频至两者之间差异的 0.5 倍、1 倍和 1.5 倍时,被判定为反语调侃的句子中,反语程度选择最多的分别是"1"(较弱程度)或"2"(中等程度),但反语程度没有呈现随着基频曲线逐步上升而递增的趋势。另外,单独修改女性发音人表达真诚批评句的基频曲线时,在被判定为反语调侃的句子中,反语程度选择最多的均是"1"(较弱程度),概率分别为 10.864%、9.136% 和 12.840%。这说明,无论男、女发音人表达的真诚批评句,单独调整基频曲线,只能产生部分的较弱程度的反语调侃,而且没有随着基频逐级调整产生不同程度的反语。

当单独降低真诚批评句的音强曲线至两者之间差异的 0.5 倍、1 倍和 1.5 倍时,被识别为反语调侃的句子中,选择最多的反语程度均为"1"(较弱程度),概率分别为 12.963%,12.099% 和 11.975%。这说明,单独降低音强曲线只能产生较弱程度的反语调侃,而且没有因音强曲线的逐渐调整而产生不同程度的反语。

综合来看,真诚批评句的时长、基频和音强的调整,只能产生较少的反语调侃,而且这些反语调侃的程度均较弱。

4.4　讨论

以真诚表达为母本,逐步改变其时长、基频和音强的韵律参数,可以考察这些韵律参数的改变是否会产生反语的效果,同时也可以考察听者在感知 2 类反语时,依据何种声学相关物。

为了考察不同类型的反语(反语讽刺和反语调侃),本章以 2 类真诚表达句(真诚赞扬句和真诚批评句)为母本,调整其时长、基频和音强的韵律参数。真诚赞扬用于反语表达时,称为反语讽刺。真诚批评用于反语表达时,称为反语调侃。根据第 3 章的结果发现,2 类反语在表达时具有不同的韵律特征,但在听觉感知时,其是否也会借助不同的韵律相关物? 本章发现的结果如下。

4.4.1 反语讽刺的感知依据

对真诚赞扬句来说,单独拉长时长(也就是语速变慢)时产生的反语讽刺效果可达到 77.957%,部分听辨人甚至达到了 100%,远高于单独调整基频和音强产生的反语效果。这说明,被试在感知反语讽刺时,仅依靠时长(语速)线索便可以实现很好的辨认,时长是反语讽刺感知时的主要依据,这个发现和 González-Fuente et al.(2016)的发现一致。同时,随着语速逐渐变慢,被感知到的反语讽刺,其反语程度也会逐级递增。以往的研究均仅从声学分析的角度认为语速变慢是反语讽刺的重要声学特征,而本实验从听觉感知的角度验证了语速变慢在反语讽刺的识别中具有感知上的意义。从声学分析和听觉感知分析 2 个实验的结果可知,时长是反语讽刺最重要的韵律特征。

以往通过声学分析发现,基频是反语表达的(最)重要的声学特征。但本章通过调整基频均值发现,基频均值的降低只能使反语调侃的识别率从 12.903% 提高到 33.118%,远低于时长调整后产生的反语识别率。值得提及的是,Mauchand et al.(2018)利用韵律线索对反语讽刺进行识别分类时,发现根据基频标准差和时长可以识别出 90% 的反语讽刺。因此,本实验发现的基频均值在反语讽刺识别时没有达到较高的识别率,也有可能是因为基频均值的作用没有基频标准差的作用大,而本实验只考察了基频均值,没有考察基频标准差的作用,这个问题还需要做进一步的实验验证。

另外,基频修改产生的反语讽刺的效果和 Rakov & Rosenberg(2013)的结果相互印证。Rakov & Rosenberg(2013)利用基频均值、基频标准差、基频范围、音强均值、音强标准差和音强范围进行多项式建模,然后利用 K-means 聚类算法发现,在反语识别中最重要的声学参数是基频范围,而不是基频均值。因此,本实验发现的基频均值只能部分改变反语效果,可能是因为基频在反语中起更大作用的是其范围或离散差异,而不是平均值。

虽然声学分析也发现了反语讽刺具有更低的音强,但调整音强曲线不能产生反语讽刺的效果。和音强作用不同的是,虽然降低基频均值产生的反语识别率较低,但是识别率仍然存在随着基频曲线下降幅度增加而增加的一个趋势,这表明基频均值在反语讽刺理解中可以发挥比音强均值更大的作用。

最后,将时长、基频和音强同时调整时,真诚表达产生的反语效果低于时长单独改变时产生的反语效果,但会高于基频和音强单独改变时产生的反语效果。同时改变时长、基频和音强时的效果反而不如单独改变时长时的效果,原因可能有 2 个。第一,听者可能只需要依靠时长参数就可以辨识出反语讽刺,同时改变时长、基频和音强 3 个韵律参数可能会产生干扰,使本可以发挥更大作用的时长,其作用会因基频和音强的影响而降低。第二,听者也可能需要时长、基频和音强 3 个韵律参数来辨识反语讽刺,但 3 个参数发挥作用需要较为复杂的组合,而不是同时改变至真诚和反语差异的 1 倍。因此,等比例地调整时长、基频和音强反而会得到更差的效果。

4.4.2 反语调侃的感知依据

对真诚批评句来说,单独调整时长、基频或音强,均会随着调整程度的增加而增加反语调侃的识别率,但是得到的反语识别率普遍很低。而同时调整 3 个韵律参数获得的反语调侃的识别率会高于单独调整获得的识别率。这说明单独调整时长、基频或音强只能产生部分较弱程度的反语调侃。

反语调侃通过单独调整时长、基频和音强无法获得较高的识别率,原因有 2 个。第一个原因是,反语调侃本来通过语音形式就难以被很好地识别。在听觉感知前的评估实验中就可以发现,通过语音形式的反语讽刺,识别率在 80% 左右,而反语调侃的识别率只有 60%。可能是因为反语调侃需要通过面部表情、嗓音等其他通道或特征来传递(表达和理解),这需要在以后的研究中进一步考察。反语调侃识别率较低的第二个原因是,根据第 3 章的韵律声学分析实验发现,反语调侃虽然在基频、音强和时长上与真诚表达具有显著性差异,但这些韵律特征同时受位置的影响,更多地集中在关键词位置。因此,通过调整整句基频曲线、音强曲线和语速,更加难以实现反语调侃的感知和识别。

感知实验的另一个结果是,同时调整时长、基频和音强时产生的反语调侃的识别率会高于单独修改时长、基频或音强产生的反语识别率。这个现象和反语讽刺的结果不一致。此外,通过参数调整获得的反语讽刺的识别率会高于反语调侃。这些差异的具体原因可能有 3 个。第一,在表达上,反语讽刺和反语调侃的韵律特征就具有不同,因此这些特征在感知识别中的作用也会不同。第二,反语讽刺和反语调侃在使用频次上也存在较大的不对称性。反语讽刺的使用频率会明显高于反语调侃,这就使得通过语音形式表达和理解反语调侃会更加困难。第三,在第 3 章的韵律声学分析实验中,通过随机森林的机器学习算法发现,常规韵律特征在反语讽刺的识别中作用更大,而嗓音特征在反语调侃的识别中作用更大。在本实验的韵律参数调整中,均没有考察嗓音参数,因此韵律参数调整获得的反语讽刺的识别率和反语调侃的识别率会有不同。

5 韵律线索影响反语认知加工的ERP实验

5.1 研究背景及研究问题

前文通过韵律声学分析实验确认了在汉语反语表达时说话者会运用特定的韵律策略来提醒听者注意其非字面含义,还通过统计分析算法和人的听觉感知实验验证了借助语音韵律可以辨别出反语,韵律在反语表达和识别中发挥着重要作用。本章将进一步从脑神经机制直接探讨韵律在反语理解过程中的作用。

5.1.1 研究现状

语境、语义和韵律相互之间的对比冲突,是理解反语的重要因素(Matsui et al.,2016)。但以往关于反语理解的研究较多地关注书面表达时语境和字面语义的对比冲突或口头表达时字面语义和韵律的对比冲突,而针对口语表达时存在语境的情况下字面语义和韵律之间的对比冲突作用的研究还比较少。但这种方式的反语实现也是日常生活中常见的形式之一,值得系统考察。

现有的文献对语境和韵律相对作用的研究大多是使用行为实验(例如,Woodland & Voyer,2011;Voyer & Vu,2016;等等),而且得到的结果并不一致。有研究认为韵律线索会影响反语理解,也有研究认为理解反语时不需要韵律线索。结果不一致的一个重要原因是不同实验的被试任务不同:有的要求被试进行反语评分任务(如 Woodland & Voyer,2011),有的要求被试进行反语区分任务(如Voyer & Vu,2016),还有的要求被试进行反语理解任务(如 Deliens et al.,2018)。但 Woodland & Voyer(2011)认为这些不同的实验任务会影响行为实验的结果和结论。针对这个缺陷,本实验要求被试在理解实验时进行与反语无关的片段理解任务,以此避免实验任务涉及反语判断而影响结果。

此外,行为实验得到的数据是最终理解结果,并不能揭示理解的神经认知过程。Regel et al.(2011)使用 ERP 实验对这个问题进行了尝试。该文对德语的反语语音使用交叉拼接范式,同时考察语境(反语偏向的语境和真诚偏向的语境)与韵律(反语韵律和真诚韵律)这 2 个因素对反语理解的作用。结果显示,韵律不影响与反语理解直接有关的脑电成分。但是,该文并没有直接给出反语理解时反语韵律和真诚韵律之间对比的简单效应,不够全面。基于此,本实验使用 ERP 这种高时间分辨率的实验手段,考察韵律和语境冲突时汉语反语理解的实时认知过程。

对于韵律在反语理解中是否起作用的问题,可以根据2个理论模型进行考察:第一个是韵律预期违反理论,第二个是分阶段加工理论。如果韵律会在反语理解的过程发挥作用,根据韵律预期违反理论,违反预期的中性韵律会诱发预期违反相关的 ERP 成分。而根据分阶段加工理论,韵律发挥作用时会在反语理解的3个阶段产生影响。这2个理论的具体内容如下。

5.1.1.1 反语理解时是否存在韵律的预期违反效应

很多反语的理论和心理学研究都表明,听者将句子判断为反语,需要依靠成功地识别出预期听到和实际听到的内容之间的反差(Matsui et al.,2016)。而这个对比反差,主要依靠2种形式来实现:一种是字面义和语境的预期违反,在书面语言中预期违反都属于这种;另一种则是语言字面形式和言语物理表达形式(包括语音也就是韵律、语气或口吻)的预期违反,是表达内容和社会一般准则规范(social norm)的违反。但以往研究更多地关注语境和字面义之间的预期违反,缺乏对目标句的字面义与韵律之间不匹配的关注。实际上,如果陈述句并没有按照预期的韵律形式来表达,也是一种不匹配。

预期违反理论(Expectancy Violations Theory,EVT)是由 Judee K. Burgoon 在20世纪70年代提出的一种分析人如何应对意料之外的违反社会规范和预期的人际交往理论(Burgoon,1978)。该理论最初是用于研究人际距离的允许和预期等非语言行为,随后 Michael Burgoon 又把该理论发展为语言预期违反理论。

语言预期违反理论主要关注的是信息特征(如音强、长度、字词的选择等)如何在适当的交际中违反期望(Burgoon,1995)。有意或无意违反预期,都会使信息传递的效果打折扣。语言预期违反理论正是处理信息是否和典型回应(stereotyped response)相一致的理论。尽管反语就是一种语言预期违反,但是用语言预期违反理论进行反语研究的案例还比较少,目前只有一篇论文使用该理论分析反语现象(Averbeck,2010)。该文认为,反语虽然是一种预期违反,但没有超出说话者语言理解可接受的范围。因为反语提供了一种批评或表扬别人,但又避免陷入无法预料到的困难的中间地带,所以反语是一种很好的照顾面子的技巧(Dews et al.,1995)。

通过字面内容和韵律形式的对比实现的反语效果,实际上是一种韵律预期违反。一般形式下所表达的字面义及其韵律是一致的(Wambacq & Jerger,2004)。

该韵律和预期相冲突便会引起听话者的语用推理和再加工,从而获得反语义。实际上,韵律预期违反已经在很多情感(如生气、愤怒等)的韵律研究中被考察过。

语言理解和即将发生的事件的常规预期有关联。这样可以通过缩小词汇搜索范围、句法解析和对情感事件快速反应来确保信息的高效处理(Paulmann et al.,2012)。当一个表示中性情感的韵律和一个表达愤怒情感的韵律交叉在一起时,大脑在350ms左右就能诱发一个PEP成分,这表明人的大脑可以很迅速地发现韵律的违反(Kotz & Paulmann,2007;Paulmann & Kotz,2008)。大脑对情感韵律违反的识别能力已经被很多实验证实不受情感类型、说话者性别、注意力、任务类型等因素的影响。此外,该识别能力在汉语中也被验证过(Chen et al.,2011)。

但是以往研究关注的情感大多是生气、愤怒等情绪,而与态度相联系的反语作为一种社会性的情感,仅被一项研究证明存在类似的预期违反效应(Wickens & Perry,2015)。Wickens & Perry(2015)通过交叉拼接范式,设置了英语的中性韵律和反讽韵律的预期违反条件。该研究的脑电实验结果显示,中性韵律出现时诱发了早期正成分PEP,但没有诱发早期负成分和晚期正成分。但是,针对汉语这种声调语言的研究还没有开展,这正是本实验研究的动机。

5.1.1.2 韵律是否在反语理解的不同阶段产生影响

同时,韵律的认知加工也被认为是分阶段的过程。情绪韵律的加工被认为存在3个阶段(Schirmer & Kotz,2006)。第一个阶段发生在100ms以内,主要是双侧颞区进行声学线索的初级加工。第二个阶段发生在200ms以内,主要是颞上回和前颞上沟脑区从声学线索中整合出情感义的关键信息。第三个阶段发生在更后的时间段,主要是颞下回和前额叶把这些关键信息传递给更高层,进行高层认知加工过程,如语义、句法、语用推理等。

除了情绪韵律,态度韵律的加工也被认为有类似的分阶段过程(Mitchell & Ross,2013;Wickens & Perry,2015)。以往研究认为,态度韵律加工的前两个阶段和上述情绪韵律加工的前两个阶段是一致的,区别在于第三个阶段。在第三个阶段,态度和复杂情绪加工类似,需要比简单情绪进行更高层次的加工(复杂情绪会比简单情绪激活更多的中前额区),需要心智理论的加工,需要理解社会意图等信息。

韵律加工的分阶段模型已经在一项自信语音的研究中被验证(Jiang & Pell,2016),因此本实验假设反语韵律的加工也存在一个分阶段的过程。基于这个假设,考察韵律在反语理解发生作用时是否在不同阶段产生影响。

5.1.2　研究问题和假设

根据以上相关研究现状的梳理,本实验拟解决的问题是:韵律线索是如何影响反语理解加工过程的?

韵律线索设置为中性韵律和反语韵律。基于韵律预期违反理论,本实验假设反语目标句使用中性韵律是一种预期违反,会因此诱发早期负成分、早期正成分和晚期正成分。基于分阶段加工理论,本实验假设韵律线索的有无会在韵律加工的3个阶段影响反语理解过程。

5.2　研究方法

在反语理解时,通过交叉拼接范式,形成韵律符合预期的反语韵律和违反预期的中性韵律2种实验条件,以此方法来考察反语理解过程中韵律的影响作用。

5.2.1　脑电被试

本实验招募了39名没有参加过录音、语料评估和听觉感知等相关实验的被试。其中男性18名,女性21名,平均年龄为25.3岁,标准差为3.14。均为右利手,被试自我报告均没有神经系统疾病,听力正常,视力或矫正视力正常。脑电信号采集后,由于伪迹过多而剔除9名被试(8名男性,1名女性),剩余30名被试中有10名男性、20名女性。

本实验经过南京师范大学生物医学实验伦理委员会批准,所有被试均签订了书面知情同意书,实验结束后均获得了适量的现金报酬。

5.2.2　实验材料及评估

5.2.2.1　实验语料

本实验的语料从第3章声学分析实验所建的语料库中选择。根据第4章的听觉感知实验的结果,语音形式的反语调侃较难识别,所以本实验仅限于反语讽刺。

根据前期语料评估(详见4.2.2节)的结果,选择辨识率最高的发音人F07的语料,包含字面赞扬句 60 个、填充句 30 个及练习句 5 个。其中填充句与练习句的语料设计形式和字面赞扬句的一致,每个实验句都有对应的语境。语境描述了 2 个对话者之间的关系和对话发生的过程。60 个字面赞扬句和 5 个练习句的语境均是负面内容。这种负面语境和积极字面义之间的冲突可以产生反语讽刺效果,而 30 个填充句的语境和字面义与反语无关。

通过交叉拼接范式,将语境和字面赞扬句交叉结合,形成反语讽刺句使用中性韵律和反语韵律 2 种实验条件,示例如表 5-1 所示。为避免发音人 F07 在录语境时具有情感韵律的偏向,另选一名发音人再次录制语境,要求录制时使用中性朗读语气。当目标句用反语韵律表达时,韵律和语义相匹配,符合预期;而当目标句用中性韵律表达时,该韵律和语义不匹配,不符合预期。通过这种设置来考察反语被试在理解反讽时,韵律的有(反语韵律)和无(中性韵律)是否会影响其神经加工过程。

另外,每个目标音频文件的开头和结束的空白段均用 Praat 调整为 500ms,音强归一化为 70dB,以便消除不同录音水平造成的随机差异。

表 5-1　反讽语料和韵律交叉示意

消极负面语境	目标句	语句类型	韵律类型	理解问题
你和 A 是好朋友。A 多次打电话对你说,他家里收拾得非常干净,欢迎你去他家做客。有一次你正好路过他家,于是突然到访。刚进门就发现 A 家里垃圾遍地,沙发上还堆满了脏衣服,你对 A 说:	你家里收拾得真干净!	反语讽刺	中性韵律	A 在你家吃午饭
			反语韵律	

5.2.2.2 词频匹配

因为 60 个反语韵律语料和 60 个中性韵律语料的文本相同,为避免语料的重复效应,本实验用嵌套设计将实验语料分为 2 个区组,使每个列表包含 2 种韵律,而且每个目标句文本不重复出现。区组一包含反语韵律的前 30 个句子和中性韵律的后 30 个句子,区组二包含反语韵律的后 30 个句子和中性韵律的前 30 个句子。

为了避免 2 个区组文本的词频存在差异,利用北京语言大学语料库中心研发的 BCC 语料库(http://bcc.blcu.edu.cn,荀恩东等,2016)对每个目标句的关键词进行词频匹配。该库包含多种语言,其中现代汉语语料库来源于新闻报纸、微博、科技期刊、文学作品、综合等领域,总字数约 150 亿字,可以全面反映当今社会语言生活的面貌。该库已经完成自动分词和词类标注,提供的"BCC 汉语词频表"收录了现代汉语词汇约 181.86 万条(词表剪枝频次为 10),是目前已知较大的现代汉语词频表。

匹配结果显示,区组一的平均词频(log10 转换)为 5.922,区组二的平均词频(log10 转换)为 6.008。统计结果表明 2 个区组之间的词频没有显著性差异($p = 0.3770$)。

5.2.2.3 韵律有效性评估及区分性检验

为了验证语料的韵律是否有效、是否有区分度,在脑电实验开始之前,对反语韵律和中性韵律的有效性进行评估。评估实验招募了没参加过前序实验,且不参加本次脑电实验的被试 19 名,其中男性 9 名,女性 10 名。年龄范围为 21.4 岁到 32.7 岁,平均年龄为 25.4 岁,标准差为 2.97。

评估实验借助 E-Prime 程序开展。被试听到每个语料后,对每个语料的讽刺程度进行评分(5 度量表),评分界面如图 5-1 所示。

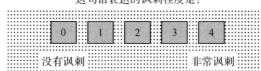

图 5-1　讽刺程度评估量表示例

结果显示,反语韵律的讽刺程度为 3.96,中性韵律的讽刺程度为 1.69,两者之间的讽刺程度具有显著的差异性($\beta = 2.270, t = 19.640, p < 0.0001$)。这表明中性韵律句和反语韵律句在讽刺程度上具有显著的区分。

除了通过主观判断的方式验证韵律的区分性,本实验还提取 2 类语料的基频、时长和音强等声学特征。统计分析发现,就基频而言,两者之间的基频均值相差 26.47 Hz,且差异具有显著性($t = 11.090, p < 0.0001$);基频标准差相差 11.8 Hz,且差异具有显著性($t = 8.7820, p < 0.0001$);基频范围相差 50.82 Hz,差异具有显著性($t = 7.384, p < 0.0001$)。就语速而言,反语韵律的语速显著慢于中性语速($\beta = -0.496, t = -7.527, p < 0.0001$)。就音强而言,反语韵律的音强均值显著高于中性韵律($\beta = -2.790, t = 9.384, p < 0.0001$)。两者之间的音强标准差具有显著性差异($\beta = 3.120, t = 3.853, p = 0.0001$),音强范围之间也具有显著性差异($\beta = -3.890, t = -9.850, p < 0.0001$)。综上可知,反语韵律在基频、时长和音强方面

均与中性韵律具有显著性差异。

5.2.3 实验过程

本实验在南京师范大学语言科技研究所神经认知实验与计算室开展。每名被试在实验前签署书面知情同意书。被试在洗头后佩戴脑电帽,并且佩戴入耳式耳机。实验前,被试被告知将参加一项语音形式的片段理解实验。被试首先会听到一个语境片段。语境播放时,屏幕出现"请听语音"的提示字样。随后屏幕出现红色"＋",紧接着播放反语目标句,该句播放的同时向脑电记录仪发送标记,以对齐和刺激脑电信号。播放完成后,电脑屏幕上会有一个关于故事片段的理解任务,需要用左右手按 A 和 L 键判断正误。每个理解任务均不直接和目标句相关,以确保被试自动地加工反语目标句,理解任务中有一半答案是正确,一半答案是错误。并且,实验中要求被试当出现红色"＋"时尽量不要有眨眼、头动、咬合等动作。

为了让被试熟悉实验流程和实验任务,正式实验前设置了 5 个刺激作为练习材料。练习使用的材料不会在正式材料中出现。被试在经过练习后,对实验流程和任务没有任何疑问,方可进入正式实验,大约持续 40 分钟。

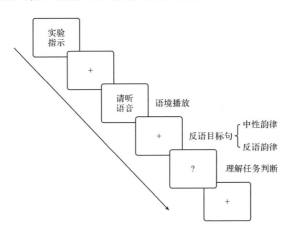

图 5-2 脑电实验流程示意图

5.2.4 脑电信号采集及处理

5.2.4.1 脑电设置

本实验采用 Brain Production 脑电记录仪和 64 导 ActiCap Ag/AgC1 电极帽实

时采集脑电信号。电极名称和排放位置参照国际临床神经生理学联合会发布的通用的"10-20"系统,即沿电极帽经线和纬线 10% 或 20% 的位点,如图 5-3 所示。

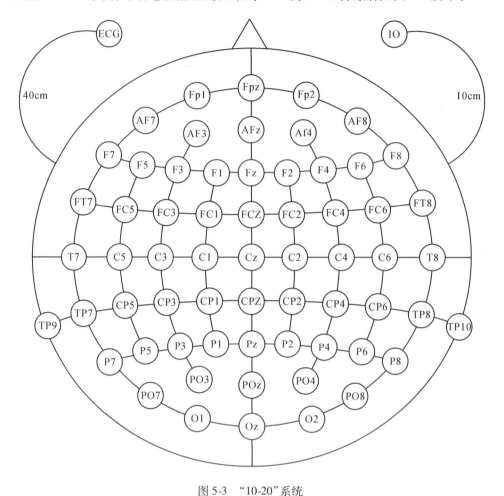

图 5-3 "10-20"系统

在线记录脑电时,以 FCz 作为参考电极点,以 AFz 点作为接地电极位置。同时,在左眼外侧安放电极记录水平眼电,在右眼下侧安放电极记录垂直眼电。通过填充导电膏,使电极和头皮之间的阻抗降到 10 千欧以下。脑电信号的采样率为500Hz。数据采集时,滤波器带宽设为 0.01—70Hz。

5.2.4.2 数据处理流程

利用基于 Matlab 的工具包 EEGLAB 和 ERPLAB 对采集到的脑电数据进行离线数据分析。取反语目标句出现前 200ms 至呈现后 1000ms 之间的数据进行分析。

数据重新定位后,进行截止频率为 0.1—40Hz 的带通滤波,以去除 0.1Hz 以下的低频噪声和 40Hz 以上的高频噪声。所有电极点以两侧乳突(TP9,TP10)电极点重新参考。针对预处理后的数据,通过目视检查的方法去除被试实验开始前后及休息过程中产生的较大头动、眨眼等肌电伪迹,并去除噪声较大的坏道,然后利用独立主成分分析(Independent Component Analysis,ICA)去除实验进行时叠加进信号的各种非脑电噪声。

数据处理的主要步骤如下:

(1)数据导入、重新定位。

(2)带通滤波,频率范围为 0.1—40Hz;高通截止频率一般不高于 0.3Hz,因为更高的频率会使晚期成分,如 P300、N400 等发生扭曲(Acunzo et al.,2012)。

(3)电极点以两侧乳突(TP9,TP10)电极点重新参考。

(4)以目视法剔除休息时段产生的非典型伪迹。

(5)剔除坏道,根据 EEGLAB 提供的算法删除噪声较大的通道。

(6)运行 ICA,以便剔除伪迹。

(7)伪迹成分剔除。ICA 运行后,剔除 IC 伪迹存在很大的主观性。为避免这种主观性,使用自动检测插件 ADJUST(Mognon et al.,2011),伪迹一般分为非典型伪迹(如被试移动)和典型伪迹(如横向和垂直眼动、眨眼、心跳等,Onton et al.,2006)。ADJUST 插件可以自动识别典型伪迹,因为这种伪迹具有高度重复的时间和空间特征。而第一类伪迹只能在运行 ICA 前手动剔除。

(8)坏道插值。在去除伪迹后,将步骤(5)剔除的通道通过线性插值的算法进行补充。

(9)创建事件列表(event list),即标记每个试次 trial。

(10)创建 Bin,即编辑每种 marker 类型。

(11)叠加平均,以便得到平均后的波形图。

5.2.4.3 兴趣区划分

兴趣区的划分参考了已有文献(Jiang & Pell,2016 等),以及本实验电极实际安放的位置,将大脑分为半球(左、央、右)和区域(前、中、后)。半球和区域 2 个因素完全交叉,形成 9 个兴趣区。

左前(left anterior):AF3、AF7、F7、F5、F3、FT7、FC5、FC3。

左中(left central):T7、C5、C3、TP7、CP5、CP3。

左后(left posterior):P7、P5、P3、PO7、PO3。

央前(medial anterior):F1、FZ、F2、FC1、FC2。

央中(medial central):C1、CZ、C2、CP1、CPZ、CP2。

央后(medial posterior):P1、PZ、P2、POZ。

右前(right anterior):AF4、AF8、F4、F6、F8、FC4、FC6、FT8。

右中(right central):C4、C6、T8、CP4、CP6、TP8。

右后(right posterior):P4、P6、P8、PO4、PO8。

5.2.5 数据统计

根据情感韵律加工的多阶段理论,预计脑电信号会出现 3 个阶段,同时结合平均后的波形图,将分析窗口划分为 0—75ms 和 75—175ms(第一加工阶段)、250—450ms(第二加工阶段)、450—700ms(第三加工阶段)等时间窗。根据韵律预期违反理论,预计脑电信号会出现 3 个成分,同时结合波形图,将分析窗口划分为早期负成分 75—175ms、早期正成分 250—450ms,以及晚期正成分 450—700ms 等 3 个时间窗。

因此,本实验综合这 2 个理论,分析 0—75ms、75—175ms、175—250ms、250—450ms、450—700ms 这 5 个时间窗。每个时间窗口内,以平均振幅为脑电成分的大小指标。数据统计使用线性混合模型,以平均振幅为因变量,以韵律类型(中性、反语)、半球(左、央、右)和区域(前、中、后)为固定因子,同时以被试作为随机效应。

5.3 实验结果

5.3.1 行为数据结果(理解任务)

31 名被试的行为判断结果如表 5-2 所示。通过该表格可以发现:从正确率上来看,无论目标句是反语韵律、中性韵律,还是和反语无关的填充材料,其正确率均在 90% 以上,说明被试在脑电实验时认真参与实验,且能正确理解片段内容。

表 5-2　脑电实验行为判断的平均反应时和正确率

韵律类型	平均反应时/ms	正确率/%
反语韵律	1841.47	90.97
中性韵律	1814.85	91.51
填充材料	1756.09	92.29

从反应时上来看,反语(无论使用反语韵律还是中性韵律)的理解会比非反语的填充材料花费更多时间,但 3 种条件的反应时相差较少。这说明被试的实验任务确实和反语无关,是对片段内容的理解。

该行为数据表明,被试在实验过程中注意力集中于实验任务,相应的脑电数据为有效数据。

5.3.2　ERP 数据结果(反语加工)

被试加工反语时,目标句使用反语韵律和中性韵律对应的脑电波形如图 5-4 所示。总体上看,反语韵律会在早期、中期和晚期诱发不同于中性韵律的 ERP 波形。

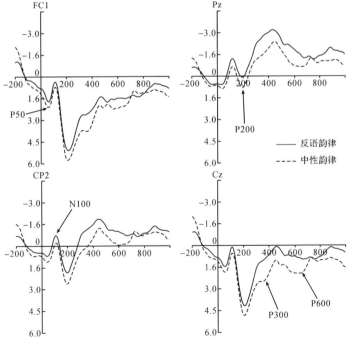

图 5-4　反语理解时反语韵律和中性韵律加工脑电波形图

在 0—75ms 的时间窗内,韵律类型具有显著的主效应 $[F_{(1,3193)} = 22.801,$ $p < 0.0001]$。事后检验显示,中性韵律比反语韵律产生更大的正向波 $(\beta = 0.211,$ $SE = 0.045, t = 4.775, p < 0.0001)$。韵律类型和半球 $(p = 0.1215)$、区域 $(p = 0.0720)$ 的交互效应均不显著。

在 75—175ms 的时间窗内,韵律类型具有显著的主效应 $[F_{(1,3193)} =$ $12.032, p = 0.0005]$。事后检验表明,反语韵律比中性韵律产生了一个更大的负向波 $(\beta = -0.203, SE = 0.058, t = -3.469, p = 0.0005)$。韵律类型和半球 $(p = 0.1330)$、区域 $(p = 0.3796)$ 的交互效应均不显著。

在 175—250ms 的时间窗内,韵律类型具有显著的主效应 $[F_{(1,3193)} =$ $26.441, p < 0.0001]$。事后检验显示,中性韵律比反语韵律产生了一个更大的正向波 $(\beta = 0.400, SE = 0.078, t = 5.142, p < 0.0001)$。韵律类型和半球 $(p = 0.0970)$、区域 $(p = 0.6029)$ 的交互效应均不显著。

在 250—450ms 的时间窗内,韵律类型的主效应显著 $[F_{(1,3193)} = 49.968,$ $p < 0.0001]$。韵律类型和半球的交互效应也显著 $[F_{(2,3193)} = 4.001, p =$ $0.0183]$。Tukey 校正的多重比较表明,在左、中、右半球上,中性韵律均显著地诱发了更大的正向波,且在中部的差异最大 $(\beta = 0.830, SE = 0.140, t = 5.922, p <$ $0.0001)$,在右半球差异最小 $(\beta = 0.309, SE = 0.146, t = 2.116, p = 0.0344)$。韵律类型和区域的交互效应不显著 $(p = 0.9370)$。

在 450—700ms 的时间窗内,韵律类型的主效应显著 $[F_{(1,3193)} = 21.680,$ $p < 0.0001]$。事后检验表明,中性韵律诱发了比反语韵律更大的正波 $(\beta = 0.617,$ $SE = 0.087, t = 7.069, p < 0.0001)$。韵律类型和半球的交互效应也显著 $[F_{(2,3139)} = 3.703, p = 0.0240]$。Tukey 校正的多重比较显示,中性韵律在左半球和中半球均诱发了一个更大的正向波 $($ 左半球 $\beta = 0.623, SE = 0.147, t = 4.247,$ $p < 0.0001;$ 中半球 $\beta = 0.920, SE = 0.160, t = 5.758, p < 0.0001)$,而在右半球,两者之间的差异不显著 $(p = 0.6180)$。

5.4　讨论

本实验结果从 2 个角度总结:首先从韵律预期违反的角度,研究反语加工时出现预期违反的韵律线索时大脑是否有不同的加工反应;其次根据情感韵律的分阶段加工理论,讨论韵律在反语理解加工时存在分阶段的影响。

5.4.1　反语理解时的韵律预期违反加工

本节以韵律预期违反理论为基础,研究反语加工过程中出现违反预期的韵律线索时大脑是否有不同的反应。这样做的可行性基于以下 2 点考虑。首先,该理论在不同类型的情感中均被考察过(Paulmann & Kotz,2008),结论是情感预期违反不受具体的情感类别影响。其次,反语交际本身就是一种预期违反,而且预期违反理论已经从情绪的研究拓展到反语这种态度的研究(Wickens & Perry,2015)。因此,本实验基于韵律预期违反理论讨论实验中发现的早期正成分和晚期正成分。

根据前人对韵律预期违反效应的研究,当出现韵律预期违反效应时,一般会在75—175ms 左右出现早期负成分,在 250—450ms 左右出现早期正成分,在 450—700ms 左右出现晚期正成分。但反语中的韵律预期违反效应是否也出现了这 3 个成分呢? 本实验的结果是没有发现早期负成分,但出现了早期正成分和晚期成分,具体讨论如下。

5.4.1.1　早期负成分(75—175ms)

前人研究认为,韵律的预期违反会在早期(约 100ms)诱发一个负成分。早期负成分可能是由进入听觉系统中的常态违反而诱发的不匹配负波。由于听觉系统会为即将到达的可预测的语音序列提前做好准备,所以如果输入的语音和这个预测相违背,就会诱发失匹配负波(Kotz & Paulmann,2007;Paulmann & Kotz,2008;Chen et al. ,2011)。本实验结果显示,符合预期的反语韵律在 75—175ms 的时间窗内诱发了一个显著的负向成分,而违反预期的中性韵律没有出现早期负成分。

实际上,早期负成分的缺失和 Wickens & Perry(2015)的研究结果一致。没有出现早期负成分可能是因为在语境信息充足时,大脑在 100ms 左右还没开始加工韵律的情感义,只是进行了底层声学线索加工。而符合预期的反语韵律诱发的N100,是因为反语韵律比中性韵律具有更大的韵律起伏变化。实际上,大脑在 200ms左右才能把中性韵律和情感韵律区分开来(Paulmann et al. ,2008)。

5.4.1.2　早期正成分(250—450ms)

韵律预期违反理论认为,具有情感义的韵律出现预期违反时,会在 200ms 以后出现一个 PEP。这个时间窗口反映的是基于声学特征整合出情感义的过程。本实验发现,中性韵律在250—450ms的时间窗内引发一个正成分,由于中性韵律和前置语境创造的预期相违反,因此本实验出现的早期正成分为PEP成分,即韵律预期违反成分。这个结果也和其他韵律预期违反的研究相一致(Chen et al.,2011;Wickens & Perry,2015)。

根据Chen et al.(2011)的解释,PEP反映的是基于声学特征提取情感凸显义时出现的韵律过渡的过程,这和之前在音乐预期违反或语言韵律的预期违反中发现的PEP类似。情感韵律预期违反诱发的早期正成分反映的是对违反预期的韵律特征线索的再加工,即从预期的情感韵律中试图去整合不匹配的信息。这个结果表明,反语加工时,韵律线索缺失会在早期加工过程中产生影响。

5.4.1.3 晚期正成分(450—700ms)

在反语加工时韵律预期违反,除了诱发了早期正成分,还在450—700ms出现了一个晚期正成分P600。该成分反映的是高层次认知加工。在本实验中,中性韵律诱发的P600反映的是大脑对违反预期的韵律进行了额外的再加工。这个结果和Chen et al.(2011)的结果一致,但Wickens & Perry(2015)在研究中没有发现晚期正成分。原因可能是晚期正成分反映的是高级认知加工过程,需要充足的语境信息参与。而本实验在反语目标句出现前存在一个较长的语境。Chen et al.(2011)的实验材料虽然没有背景语境,但是交叉点之前的句子成分比Wickens & Perry(2015)的更长,因此均具有更多的语境信息,可以使大脑对目标句进行更高层次的加工。

综合来看,在反语加工时违反预期的中性韵律(即韵律线索缺失)会在实时加工的早期和晚期产生影响。这个结果不支持反语韵律在加工中不起作用的行为研究(Attardo et al.,2003;Kreuz & Roberts,1995;等等),证实了韵律在反语理解的过程中发挥重要作用。本实验结果和部分行为实验不一致,可能存在的原因有2个。第一,行为实验的不同任务会导致行为结果的差异(Woodland & Voyer,2011)。有的行为要求被试进行反语区分任务,有的要求进行反语辨识任务,还有的要求进行反语评分任务,这些被认为会影响行为结果和结论。本实验为了避免这个问题,将实验任务设计为与反语无关的片段理解任务,这样可以让被试自动加工反语。第二,通过行为实验得到的结果是韵律作用的结果,而脑电实验考察的是韵律作用的过程。行为实验无法回答韵律是否起作用、何时起作用,以及起什么作用等问题。

5.4.2 韵律在反语理解时分阶段的影响

根据 Schirmer & Kotz(2006)的理论,情感韵律的加工是分阶段、分步骤进行的。第一个加工阶段从约 100ms 开始,属于低层次的声学参数加工。在本实验中,中性韵律和反语韵律的声学特征加工在 0—75ms 的时间窗内诱发了一个分布在前额—中央区的正向波(P50 成分)。这说明中性韵律和反语韵律在 75ms 以内就可以被大脑根据声学特征加以区分。P50 代表刺激的早期物理属性加工时注意力分配的激发。中性韵律诱发了更大的 P50,是因为从负面倾向的语境过渡到目标句时,中性韵律会比反语韵律更加突兀,所以需要更多的注意力分配激发准备。另外,中性韵律和反语韵律在 75—175ms 的时间窗内还诱发了一个分布于全脑的负向波(N100 成分)。N100 代表了听觉刺激诱发的负走向波,一般被认为与刺激的频率、音强等感觉信息的加工有关,受注意力的影响,而不受刺激的情绪义的影响。反语韵律诱发了更大的负向波,说明和中性韵律相比,反语韵律具有更加丰富的韵律变化,更有可能是高级认知机制产生情绪加工,所以此时需要更多的注意力分配。而中性韵律特征变化起伏较小,所以未能分配更多的注意力进行情感早期加工。

第二个加工阶段在 200ms 左右,是大脑基于信号的声学特征如基频、时长和音强等整合出情感凸显义的阶段。在本实验中,中性韵律在 175—250ms 的时间窗内诱发了一个正向波,对应了听觉 P200 成分。很多实验证明,听话人在接受韵律刺激 200ms 后,可以依据声学线索整合出韵律特征对应的情绪类别、情绪意义等信息,以 P200 成分为标志(郑志伟,2012),这与听觉 P200 成分标志着刺激分类加工的观点相一致(García-Larrea et al.,1992)。也有实验发现,P200 对应了预期和实际的对比。中性韵律诱发的 P200,即代表了大脑识别出中性韵律和反语韵律属于不同的情感韵律,反映了中性韵律不符合预期。

第三个加工阶段在 400ms 以后,是大脑将韵律中整合出来的情感凸显义应用到更高层次的认知加工,比如与词汇/语义信息的相互作用,这一加工过程与 N300、N400、P600 等高级语言加工成分有关(Bostanov & Kotchoubey,2004)。在本实验中,中性韵律在 450—700ms 的时间窗内诱发了一个正向波 P600 成分。P600 被认为反映了句法违例加工。除此之外,其也会反映花园小径的加工过程,即一个句子没有句法错误,但是存在不同的理解方式。被试根据某一种理解方式加工时,在加工后期才能意识到加工错误,必须返回去用另一种方式来重新加工。在反语语境下,中性韵律的目标句需要在首次加工后启动再次加工才能获得反语义,这一过程也是符合语用推理的过程。

除了情感加工具有多阶段的假设,反语理解本身也存在一些理论支持多阶段理论,如标准语用假说和分级凸显假说。根据这 2 个假说,如果反语加工是分阶段的,而不是直接获得反语义的过程,就会首先出现以 N400 成分为标志的字面义和语境不匹配、整合困难阶段,以及以 P600 成分为标志的经过再加工与推理获得反语义的过程。但本实验只出现了类似 P600 成分,而没有出现 N400 成分,所以本实验不支持反语加工的多阶段理论。这个结果和大多数的反语加工研究相一致(Balconi & Amenta,2008;Simona & Balconi,2008;Regel et al. ,2010;Spotorno et al. ,2013)。虽然有研究发现反语加工存在 N400 成分,但对于反语加工中是否出现 N400 成分,其结果存在很大的不一致。可能的原因是 N400 成分受到任务的影响和是否熟悉反语的影响(Caillies et al. ,2019)。

虽然根据情感韵律加工的多阶段和反语理解过程的多阶段理论解释本实验时表面上出现了相互矛盾的现象,实验结果支持情感加工的多阶段假说,而不支持反语理解加工的多阶段假说,但是这 2 种多阶段理论具有很大的不同:情感加工的多阶段理论是指大脑从最初的声学信号到情感加工的完整过程是分阶段、分步骤的;而反语理解假说的多阶段是指反语加工时,从字面义到反语义的获得是分阶段的。因此,本实验的结果根据这 2 个假说解释并不矛盾。

6

回顾与展望

本章将梳理3个实验的主要研究结果。3个实验围绕韵律在反语表达与理解中的作用这个研究问题而展开。本章将讨论这些结果及背后的意义,另外还将讨论本书的创新之处和研究上的不足。

6.1 主要结论

6.1.1 汉语的反语表达存在韵律声学特征

6.1.1.1 区别性韵律参数

从基频上看,汉语中反语讽刺具有更低的基频均值、更小的基频标准差和更窄的基频范围,而且不受句子位置(关键词或非关键词位置)和发音人性别的影响。这个结果和其他语言中的结果一致,如英语(Rockwell,2000;Cheang & Pell,2008;Chen & Boves,2018)、德语(Rockwell,2007;Scharrer & Christmann,2011)、墨西哥式西班牙语(Rao,2013)。而反语调侃的基频特征则存在性别差异和位置差异。男性发音人表达反语调侃时,会具有更高的基频均值、更大的基频标准差和更大的基频范围,这个特征和意大利语中的结果一致(Anolli et al.,2002)。此外,男性发音人的基频标准差和基频范围只有在关键词位置才具有显著性,在非关键词位置差异不显著。女性发音人在表达反语调侃时,则使用更低的基频均值、更小的基频标准差和更小的基频范围,并且不受位置影响。这说明发音人在表达反语讽刺时使用的基频编码策略具有较高的一致性,但反语调侃的表达会根据发音人性别使用不同的基频编码策略。

现有的反语语音研究中,最一致的研究结果就是在表达反语时时长会变长(即语速变慢)。本书的实验结果显示,汉语中反语讽刺和反语调侃均具有更慢的语速。这说明语速变慢是反语表达可靠的特征。本书还发现反语讽刺的语速变化不会受到位置和发音人性别的影响,但反语调侃的语速会因位置和发音人性别而改变。具体来讲,男性发音人在表达反语调侃时,只有在关键词位置上才具有更慢的语速,在非关键词位置上语速不会变慢。而女性发音人不受影响。

从音强上看,发音人表达反语讽刺时,会具有更低的音强均值、更大的音强标准差和更大的音强范围。与基频类似,反语讽刺的音强特征也不受位置和发音人性别的影响。这个结果和其他语言中的结果存在不一致。比如,在意大利语中(Anolli et al.,2002),反语讽刺的音强均值会增加。在英语中,针对反语讽刺,既有音强均值增加的发现(如 Rockwell,2000),也有没有差异的情况(如 Cheang & Pell,2008)。反语调侃的音强均值也会更低,但是与反语讽刺不同的是,反语调侃的音强标准差和音强范围都会低于真诚表达。这说明反语讽刺和反语调侃在音强上的均值均低于真诚表达,但不同的是,反语讽刺同时具有更大的音强离散程度和范围,而反语调侃正好相反,具有更小的音强离散程度和范围。

前人研究中考察反语嗓音特征的非常少。但是早期的理论研究,如 Cutler(1974)、Schaffer(1982)、Haiman(1998)都发现反语具有特殊的嗓音特征。近几年也出现了对反语的嗓音进行实验研究的论文(Cheang & Pell,2008,2009;Niebuhr,2014;等等),但这些研究论文都只使用了单个嗓音参数,这样不能完整地刻画出反语的嗓音特征。根据以往的研究,嗓音特征需要从 3 个角度来考察:一是时域特征,二是频域能量分布特征,三是噪声成分。本书从这 3 个角度提取了反语的 7 个嗓音参数。结果发现,发音人在表达反语讽刺时会使用嘎裂声的发声态,而发音人在表达反语调侃时,却会使用气嗓音这种发声态。另外值得指出的是,根据Keating et al.(2015)对嘎裂声的细分,本书发现,男性和女性发音人在表达反语讽刺时,会使用不同类型的嘎裂方式。具体说来,男性表达反语讽刺时,会使用气泡音嘎裂声,而女性发音人则会使用非收紧嘎裂声。但表达反语调侃时使用的气化嗓音则没有发现性别差异。

虽然本书发现的基频、音强和嗓音特征与已有文献的研究结果存在一些不一致,但这种不一致被认为(Bryant & Tree,2005)可能是反语和讽刺术语的混乱、语言文化差异、语料设计差异或个体差异导致的。这些因素值得在进一步的实验中被验证。但本书的结果表明,汉语的反语表达存在区别性的韵律声学特征,可以使用这些特征有效地将反语和真诚表达区分开来。

6.1.1.2 韵律参数在反语辨识中的作用

本书对反语表达提取的 14 个声学参数,均被发现具有统计差异性。但这些声学参数承载了多少反语的信息,或者说这些参数能在多大程度上对反语和真诚表达产生区分,需要通过分类判别算法来验证。

本书采用了机器学习中使用较多的随机森林来验证声学特征对反语的分类辨

识效果。当使用关键词位置的 14 个声学参数时,对反语讽刺的分类正确率为 82.336%,而对反语调侃的分类正确率为 80.929%。但是,如果 14 个声学参数提取自非关键词位置,则对反语讽刺的分类正确率会低于反语调侃。这个结果说明,关键词位置或非关键词位置的 14 个声学参数承载了足够充分的反语表达信息,可以有效地区分反语和真诚表达。另外本书发现,语音信号上的声学参数对反语讽刺的分类效果会优于对反语调侃。这可能是因为反语调侃的表达还需要借助面部表情或其他特征来传递。此外,关键词位置承载了更多的反语讽刺信息,但非关键词位置承载了更多的反语调侃信息。

当使用提取自关键词位置的 7 个韵律参数进行反语讽刺的分类辨识时,对反语讽刺的分类正确率会比提取自非关键词位置的正确率高 9.7%。而对反语调侃的分类正确率却会低于提取自非关键词位置的正确率约 0.252%。这说明反语讽刺的 7 个韵律参数在关键词位置会比在非关键词位置更重要,而对于反语调侃,非关键词位置的韵律参数和关键词位置的作用相当,甚至前者略高于后者。

仅使用噪音特征,也可以将反语讽刺和反语调侃与真诚表达相区分。当使用的 7 个噪音参数提取自关键词位置时,对反语讽刺的分类正确率为 74.848%,而对反语调侃的分类正确率为 71.853%。当使用的 7 个噪音参数提取自非关键词位置时,对反语讽刺的分类正确率为 70.090%,对反语调侃的分类正确率为 75.605%。这说明非关键词位置的噪音特征在反语调侃中的作用比在反语讽刺中的作用更大。

综合起来看,可以发现以下规律:

(1) 使用声学特征可以有效地辨识反语讽刺和反语调侃,而且韵律特征的分类效果均高于噪音特征;

(2) 韵律特征参数在反语讽刺中的作用更大,而噪音参数在反语调侃中的作用更大;

(3) 反语讽刺的声学线索更多地集中在关键词位置,而反语调侃的声学线索更多地集中在非关键词位置。

6.1.2 区别性韵律特征在反语听觉感知时的作用不同

将真诚表达的基频、时长和音强参数合成至真诚和反语之间差异的不同程度时(0.5 倍、1 倍和 1.5 倍),不同参数产生的反语效果不一致。在改变时长参数时,随着时长逐渐变长,反语讽刺的识别率越来越高,从 27.312% 到 55.484% 再到 77.957%,甚至部分被试的反语讽刺识别率为 100%。同时,被试可以感知到的反语讽刺句,其反语程度也具有变化。这说明语速变慢不仅是反语讽刺表达上的特征,更是被试理解识别反语讽刺的重要线索。仅依靠语速这单一维度,就可以很好地识别反语讽刺。

虽然语速变慢也是反语调侃在产出上的显著参数,但单独将真诚表达的语速逐级变慢时,反语调侃的识别率仅分别提高到21.605%、24.198%、26.420%。反语调侃的识别率虽然也会随着语速变慢而增加,但总体识别率明显低于反语讽刺。这说明语速变慢是被试感知反语讽刺时可靠的特征,但仅通过语速,被试不能有效地感知到反语调侃。

以往对于情感韵律的研究认为,基频在情感表达中具有最重要的作用。鉴于反语是情感的一种,也有研究认为基频对其非常重要,但基频在不同语言中的作用具有较大差异(Scharrer & Christmann,2011)。本书通过调整真诚表达的基频曲线,使真诚表达的基频曲线逐渐接近反语表达。结果显示,反语讽刺的识别率只能从17.742% 增长到23.118%,再到33.118%。而男性发音人的反语调侃的识别率从21.728% 增长到25.679% 再到32.346%,女性发音人的反语调侃的识别率从19.506% 增长到20.741% 再到28.148%。这个结果可以说明,虽然基频均值在反语讽刺和反语调侃的产出中具有统计上的差异,但单独改变基频均值,不能实现较高概率的反语感知。

现有声学分析的文献较少关注音强特征,反语表达的音强结果也具有很大的不一致性。本书通过分析发现,无论是反语讽刺还是反语调侃,其音强均值均会显著低于真诚表达。但通过逐级降低音强曲线,由此产生的反语讽刺的识别率反而从 16.452% 降到 16.237%,再到 16.022%,而反语调侃的识别率从22.346%增至23.580%,再到24.938%。这说明音强曲线降低也和基频曲线一样,不能很好地实现反语效果。另外,分析还发现,虽然反语讽刺和反语调侃的音强曲线在表达时都会降低,但降低的音强曲线在感知反语讽刺时,反而会使反语讽刺的识别率降低。这说明音强均值降低并不是反语讽刺的感知线索。

另外,本书还同时将真诚表达的基频均值、音强均值和时长均值调整至反语的程度。结果显示,同时调整基频、时长和音强时,反语讽刺的识别效果会比单独调整基频和音强时更高,但识别率依然没有比单独调整时长时的反语识别率更高。

但对于反语调侃来说,同时改变基频、时长和音强的识别效果会高于单独修改的效果。这说明感知反语讽刺时主要依靠时长线索,而综合基频、音强等线索后,反而会干扰对反语讽刺的识别。但是在感知反语调侃时,无法单独依靠时长、基频或音强特征。3 个特征同时修改时,虽然达到的总体识别率仅为 30% 左右,但会比单独修改的识别率更高。

6.1.3　韵律影响反语理解的认知加工进程

6.1.3.1　韵律预期违反对反语理解实时加工过程的影响

韵律预期违反理论可以用来考察大脑是否能迅速探测出韵律改变,而反语效果正是通过预期违反实现的。因此,本书借助韵律预期违反理论,讨论韵律的有无是否会因违反预期而对反语加工的实时过程产生影响。

一般的假设认为,韵律预期违反会诱发早期负成分、早期正成分和晚期正成分,分别对应了韵律加工的 3 个阶段。但 Wickens & Perry(2015)通过交叉拼接范式产生韵律预期违反条件,并通过脑电实验发现,和假设不同,反语韵律预期违反没有在早期窗口(100—200ms)诱发负成分,也没有在晚期窗口(450—700ms)诱发正成分,只在 200—350ms 的时间窗内出现了一个早期正成分。作者认为没有出现早期正成分的原因有 3 个:第一是被试的实验任务和以往不同;第二是作者认为以往发现早期正成分的实验的统计效力不足,如 Chen et al.(2011),结果不可靠;第三是作者认为该实验的被试性别不平衡,每个单元的刺激数不足。对于该实验也没有发现晚期正成分,作者认为该实验缺乏语境信息,使得被试没有对反语进行深度加工,因此在晚期没有出现正成分。

本书的实验结果与 Wickens & Perry(2015)的结果部分相同,均没有发现早期负成分。原因大概是,本书在目标句韵律出现前有较长的语境,这使得听者在目标句出现时无法在 100ms 左右加工出情感义。

韵律预期的相关实验认为,不同类型的情绪韵律预期违反在 200ms 以后会出现一个韵律预期正成分,本书发现反语加工时,韵律预期违反也会在 250—450ms 的时间窗内诱发一个正成分。这个结果和已有的结果均一致(如 Chen et al.,2011;Wickens & Perry,2015)。这反映的是大脑在对违反预期的韵律线索进行再加工的过程中,即从前置语境及预期出现的韵律中,试图去整合出现的违反预期的韵律信息。

最后,本书还发现了中性韵律会在450—700ms的时间窗内诱发一个晚期正成分P600。晚期正成分被认为反映的是高级认知加工过程。在汉语的情感(如生气)韵律违反实验中也同样发现了晚期正成分(Chen et al.,2011),但在其他语言的研究中(Wicken & Perry,2015)没有发现。可能的原因是,晚期正成分的出现需要大脑对刺激进行深度加工,而Wicken & Perry(2015)的实验中目标句加工缺乏充足的语境线索,使得大脑没有进行深度加工。

综合来看,韵律线索会在反语理解的实时过程产生影响,会因违反预期而出现早期正成分和晚期正成分。这为韵律在反语理解中发挥作用提供了神经认知学的证据。

6.1.3.2 反语韵律加工时的分阶段过程

无论是情绪韵律还是态度韵律,大脑在加工这种情感韵律信息时,均被发现存在一个分阶段的过程(Schirmer & Kotz,2006;Wickens & Perry,2015)。本书通过ERP实验,发现大脑在进行反语理解时,韵律线索会在反语加工的3个阶段产生作用。

反语韵律和中性韵律最晚在75ms左右就会通过底层声学差异而被识别出来,在75—175ms也会诱发一个负波。在200ms以内诱发的这2个早期加工成分说明大脑在反语韵律加工时,在底层声学加工阶段就能注意到中性韵律和反语韵律的声学差异。

200ms以后的加工被认为是情感韵律分阶段加工的第二个阶段。在反语理解中,250ms处诱发了一个正向波,一般认为在这个时间窗内大脑依据底层声学特征,如基频、时长、音强等整合出情感凸显义。这个成分也标志着大脑在250ms处可以区分出反语和中性属于2种情感类别。

情感韵律加工的第三个阶段发生在400ms以后,本书在450—700ms的时间窗内发现中性韵律诱发了更大的正走向波。在这一时间窗内,大脑将第二个阶段整合出的情感凸显义和语义、词汇相互作用,开展更高层次的认知加工,如语用推理、句法分析再加工等。中性韵律由于在当前实验条件下不符合韵律预期,但语义上和语境结合后仍属于反语,所以需要额外的语用推理过程和更多的加工努力。

综合来看,韵律在反语中具有重要的作用。发音人在表达汉语反语时,会使用区别于真诚表达的特殊韵律策略。同时,听话者在理解反语表达时,也会依靠韵律线索,尤其是语速来正确获得反语义。除了行为上的影响,韵律也会影响反语理解的脑认知加工过程。具体来讲,韵律违反预期时,会使反语加工的不同阶段受到影响,使得反语加工更加困难。这也证明了韵律在反语使用中的重要作用。

6.2　研究的创新之处

一般认为,反语理解所需要的 3 个要素是语境、语义和韵律。由于以往研究较多关注语境和语义,对反语表达和理解中的韵律研究较少,本书系统考察了韵律在反语语音中的作用。为了解决这个问题,本书从 3 个方面考察韵律的作用。首先,通过反语语音的声学分析,获得反语表达的区别性韵律特征。然后,通过调整的方法,验证反语表达的区别性韵律特征是否具有感知上的意义。最后,通过脑电实验验证韵律在反语理解过程中的作用。在这一系列的实验中,本书的创新之处在于以下几点。

首先,本书明确了研究对象,并同时考察反语讽刺和反语调侃 2 类反语。以往的研究文献中,对反语的结论存在较大不一致。出现这种不一致结果的重要原因是研究对象不统一。由于反语和讽刺在术语上的混用,不同的研究论文实际上研究了反语的不同子类。另外,在不同子类上,反语讽刺的研究最多,但反语调侃也是存在于生活中的反语类别,而其受到的关注却很少。本书同时考察反语讽刺和反语调侃 2 类反语,既能使研究对象明确,又考察了反语调侃这种研究不足的反语类型。

其次,本书通过调整感知的方式验证反语表达的韵律特征的作用。这样就可以进一步解释这些韵律特征是否具有感知上的意义。以往的情感语音声学分析大多都停留在揭示其统计上具有显著差异性的声学参数,但这些参数有没有感知上意义,很少有研究。只有在被试感知中真正发挥作用的韵律声学参数,才是在语音合成系统中需要更加关注的参数,是反语表达的核心特征。

最后,韵律在反语理解时是否发挥作用,一直以来存在争议。现阶段对这个问题的考察均是使用行为实验。但行为实验的结果,是各种认知过程导致的最终决策,无法实时考察韵律的有无在被试理解反语过程中的作用。本书采用 ERP 这种高时间分辨率的神经认知手段,实时地解释了韵律在反语理解中的作用。

6.3 研究的不足及展望

本书关于韵律在反语中作用的研究,有助于了解汉语中反语表达的声学编码策略和反语理解依赖的声学相关物。同时,其还证实了在反语理解时,韵律信息的存在和缺失确实会影响其认知过程。但由于种种已知或未知的局限性,在以下几个方面还可以继续探讨、改进。

首先,反语调侃是一种在生活中存在但使用频次低于反语讽刺的反语类型。但因为反语调侃的识别率较低,无法保证被试认真加工反语调侃,所以在 ERP 实验时,本书并没有考察韵律有无对反语调侃的理解过程的影响。后期可以对反语调侃的认知神经加工机制进行考察。

其次,在通过调整感知实验范式考察反语韵律特征是否具有感知意义时,由于技术限制,只调整了基频、时长和音强,而没有对嗓音特征进行调整。嗓音参数的合成和修改还处于刚起步的阶段,合成的效果和自然度均无法保证。在嗓音合成技术得到进一步发展后,通过调整感知实验范式考察反语嗓音特征的感知意义是研究的重点。

最后,反语表达的声学分析是基于全部的录音语料。这样的好处是得出的结论更加符合实际生活中的表达。因为生活中表达的情感本身就具有不同的韵律凸显程度,有的表达听起来更明显,而有的表达听起来情感韵律不明显。但这样也存在缺点,就是研究结果并不是典型的反语特征。未来对反语的声学分析,可以基于明显可感知的语料,剔除不容易被感知的语料,从而使研究结果更加符合典型的反语特征。除此之外,对韵律的分析还应从静态特征发展至动态特征,也就是韵律建模分析。这种分析方法在国内外都处于起步阶段,国内仅有 Li(2015)利用 PENTA模型对情绪韵律进行建模分析。今后的研究可以应用 PENTA、FDA、SSANOVA 等技术考察反语的整体韵律特征。

附录

附录一　目标句汇总表

序号	字面表扬句	字面批评句
1	你的论文写得相当**好**	你的论文写得相当**差**
2	你这牌打得真**好**	你这牌打得真**差**
3	你的厨艺确实很**棒**	你的厨艺确实很**渣**
4	你的球技这么**厉害**	你的球技这么**差劲**
5	你长得非常**帅**	你长得非常**丑**
6	你考得果然**不错**	你考得果然**不好**
7	这些药确实**管用**	这些药确实**没用**
8	你做的面包果然**好吃**	你做的面包果然**难吃**
9	你家里收拾得真**干净**	你家里收拾得真**邋遢**
10	他这人的确很**勇猛**	他这人的确很**懦弱**
11	这件礼服十分**好看**	这件礼服十分**难看**
12	你唱得非常**好听**	你唱得非常**难听**
13	你的运气果然很**好**	你的运气果然很**差**
14	你画得这么**专业**	你画得这么**业余**
15	你这人相当**大方**	你这人相当**小气**
16	你的人缘果然很**好**	你的人缘果然很**差**
17	你的进步这么**快**	你的进步这么**慢**
18	你的学习能力真**强**	你的学习能力真**弱**
19	你起得可真**早**	你起得可真**晚**
20	你的成绩非常**好**	你的成绩非常**差**
21	你的收入这么**高**	你的收入这么**低**
22	你的力气可真**大**	你的力气可真**小**
23	你的英语相当**厉害**	你的英语相当**差劲**
24	你的记忆力可真**强**	你的记忆力可真**差**
25	你跑得简直**神速**	你跑得简直**龟速**
26	你的见识这么**广博**	你的见识这么**浅薄**

序号	字面表扬句	字面批评句
27	你写的字格外**好看**	你写的字格外**难看**
28	你的水平的确很**高**	你的水平的确很**差**
29	你的身体果然很**强壮**	你的身体果然很**虚弱**
30	你的成果确实**不少**	你的成果确实**不多**
31	你的胆子可真**大**	你的胆子可真**小**
32	这个老板这么**厚道**	这个老板这么**狡猾**
33	这场比赛确实很**精彩**	这场比赛确实很**无聊**
34	他这个人果然**低调**	他这个人果然**高调**
35	你的舍友果然很**热心**	你的舍友果然很**冷血**
36	这个学校的治安确实很**好**	这个学校的治安确实很**差**
37	这件羽绒服十分**厚实**	这件羽绒服十分**单薄**
38	这家超市相当**实惠**	这家超市相当**坑人**
39	你买的机票非常**划算**	你买的机票非常**吃亏**
40	南京的交通果然很**通畅**	南京的交通果然很**拥堵**
41	今天的会议格外**简短**	今天的会议格外**冗长**
42	他这人确实很**谦虚**	他这人确实很**狂妄**
43	他这人相当**大度**	他这人相当**计较**
44	你这日子过得确实**节俭**	你这日子过得确实**奢侈**
45	你的学习效率可真**高**	你的学习效率可真**低**
46	你哥的脾气这么**温和**	你哥的脾气这么**暴躁**
47	这位师傅可真**利索**	这位师傅可真**磨叽**
48	这电影拍得非常**有趣**	这电影拍得非常**无趣**
49	这位校长非常**清廉**	这位校长非常**腐败**
50	这家宾馆相当**豪华**	这家宾馆相当**简陋**
51	这家商场格外**热闹**	这家商场格外**冷清**
52	这台冰箱相当**省电**	这台冰箱相当**费电**
53	你这台车格外**省油**	你这台车格外**耗油**
54	你做的计划十分**详细**	你做的计划十分**笼统**
55	这杯子保温效果果然很**好**	这杯子保温效果果然很**差**

序号	字面表扬句	字面批评句
56	你工作上确实很**努力**	你工作上确实很**懈怠**
57	这位老中医的医术真**高**	这位老中医的医术真**差**
58	你家保姆可真**勤快**	你家保姆可真**懒惰**
59	你的反应相当**敏捷**	你的反应相当**迟钝**
60	你们经理果然**慷慨**	你们经理果然**吝啬**

注:黑体字为关键词。

附录二　实验语料文本示例(部分)

一、反语和真诚语料

你的论文写得相当好/差

你是 A 的导师。A 向一个会议投稿,你让他写完后认真修改几遍后再投,而 A 却说自己的论文写得很好,随便修改一下就投出去了。很快,A 的论文就被退回来了。你看了 A 的论文后发现,他写的论文根本就没有修改过,存在很多问题,甚至还有拼写错误。你生气地对 A 说:

你的论文写得相当差!（真诚批评）

你的论文写得相当好!（反语讽刺）

你和 A 是同学。你俩向同一个会议投稿,A 对自己的论文不自信,说自己的论文写得很差,估计不会被录用。等结果公布后,你和 A 的论文都被录用了,而且 A 的论文还被评为"最佳学生论文",你对 A 说:

你的论文写得相当好!（真诚赞扬）

你的论文写得相当差!（反语调侃）

你这牌打得真好/差

你和 A 是舍友。你和其他人打扑克牌,人数已经够了,但 A 非要求加入,声称自己牌技很好,从来都不会输。你就把自己的位置让给他。玩了几局后,你发现 A 实际上玩得很差,连输了好几轮。结束后,你轻蔑地对 A 说:

你这牌打得真差!（真诚批评）

你这牌打得真好!（反语讽刺）

你和 A 是舍友。你和其他人打扑克牌,正好还缺一个人,你就喊 A 一起玩。A 几次推脱,说自己的牌技很差劲,玩得不好。你安慰说没事,硬拉他加入。玩了几局后,你发现 A 竟然玩得非常好,多次力挽狂澜,一晚上都没输过。结束后,你开心地对 A 说:

你这牌打得真好！（真诚赞扬）

你这牌打得真差！（反语调侃）

你的厨艺确实很棒/渣

你和 A 是同事。周末，几个好朋友打算出去聚餐。A 告诉大家，虽然以前有人说她厨艺很差，但现在她学习了很多菜谱，厨艺已经很好了，想邀请大家去她家里聚餐。于是大家去了她家，她做了 2 个小时，才做了简单的 3 个菜，而且做得很差。朋友们都已经很饿了，等得不耐烦了，你对 A 说：

你的厨艺确实很渣！（真诚批评）

你的厨艺确实很棒！（反语讽刺）

你和 A 是同事。你第一次去 A 家做客。A 一边做菜一边跟你聊天，说虽然很多同事都夸她贤惠持家，评价她厨艺很好，但她觉得自己的厨艺实际上很差，连简单的菜都做不好。不一会儿的时间，A 已经准备好了一顿丰盛的晚餐，而且非常美味。在一旁看着的你非常惊讶，笑着对 A 说：

你的厨艺确实很棒！（真诚赞扬）

你的厨艺确实很渣！（反语调侃）

你的球技这么厉害/差劲

你是 A 所在班的班长。学校举行足球比赛，A 找你报名，非说自己球技很厉害，坚持要求参加。于是你把自己的名额让给 A，让他去参加。比赛时你却发现，A 实际上球技很差，连丢好几个球。比赛结束后，你愤怒地对 A 说：

你的球技这么差劲！（真诚批评）

你的球技这么厉害！（反语讽刺）

你是 A 所在班的班长。学校举行足球比赛，你让 A 参加，A 推脱了好几次，说自己球技很差，担心会让大家失望。你硬拉他参加，比赛时却发现，实际上他球踢得比足球队的同学还好，多亏他关键时刻进球得分，才赢得了比赛。比赛结束后，你笑着对 A 说：

你的球技这么厉害！（真诚赞扬）

你的球技这么差劲！（反语调侃）

你长得非常帅/丑

你和 A 通过相亲网站结识。A 多次想约你线下见面,声称自己长得很帅,有很多人追。几次推脱后,你最终答应在咖啡厅见面。一进门,你发现 A 之前发的照片并不是他本人。本人长得很油腻,还一边抽着烟,一边往地上吐痰。A 得意扬扬地问你他是不是很帅,你无语地对 A 说:

你长得非常丑！（真诚批评）

你长得非常帅！（反语讽刺）

你和 A 通过相亲网站结识。你想约 A 出来见面,但 A 总是担心自己长得很丑,会把你吓跑。几次推脱后,A 最终答应在咖啡厅见面。一进门,你发现 A 长得比照片上还帅,正是自己喜欢的类型。坐下后 A 小心翼翼地询问自己是不是很丑,你对 A 说:

你长得非常帅！（真诚赞扬）

你长得非常丑！（反语调侃）

你考得果然不错/不好

你是 A 的家长。考试前,A 不复习,在玩电脑游戏。你责怪他,说这样肯定考不好,但 A 说自己都已经复习好了,这次肯定能考满分。而考试结束后,A 却考了59 分。回家后,你看着他的成绩单,气愤地对 A 说:

你考得果然不好！（真诚批评）

你考得果然不错！（反语讽刺）

你和 A 是同学。考试后,A 担忧地告诉你,说自己没有复习好,估计这次考试考不好,而你却认为,A 以前一直都是班里的尖子生,每次成绩都很好,这次肯定还能考高分。成绩发布后,你发现 A 竟然考了 98 分,你笑着对 A 说:

你考得果然不错！（真诚赞扬）

你考得果然不好！（反语调侃）

这些药确实管用/没用

你和 A 是好朋友。A 在微信朋友圈里卖减肥药,宣称这个药效果显著,1 个月可以减 10 斤。你找 A 买这种药,周围有人告诉你,这种药不正规,可能不会管用,但你坚持要买。服用 1 个月后,你发现自己不仅没减,反而还增了 3 斤。见面后,A 询问你这药效果如何,你愤怒地对 A 说:

这些药确实没用!(真诚批评)

这些药确实管用!(反语讽刺)

你和 A 是好朋友。有人在微信朋友圈里卖减肥药,宣称 1 个月可以减 10 斤。你打算买这种药,不过 A 告诉你,这种药都不正规,可能不会管用,但你坚持要买。服用 1 个月后,发现自己果然减了 10 斤。见面后 A 询问你这药效果如何,你高兴地对 A 说:

这些药确实管用!(真诚赞扬)

这些药确实没用!(反语调侃)

你做的面包果然好吃/难吃

你和 A 是好朋友。A 打算开一家面包店,在家试做了很多面包。他告诉你,他做的面包非常好吃,但邻居们品尝后评价说不好吃,所以他想邀请你去他家试吃一下。你尝过之后,发现面包确实非常难吃,味道酸涩,而且还有沙子。你无语地对 A 说:

你做的面包果然难吃!(真诚批评)

你做的面包果然好吃!(反语讽刺)

你和 A 是好朋友。A 打算开一家面包店,在家试做了很多面包。他告诉你,虽然邻居们品尝后都评价说很好吃,但他总觉得自己做的面包实际上很难吃,他想邀请你去他家试吃一下。你尝过之后,发现 A 做的面包确实非常好吃,味道已经和很贵的大品牌面包不相上下。你笑着地对 A 说:

你做的面包果然好吃!(真诚赞扬)

你做的面包果然难吃!(反语调侃)

你家里收拾得真干净/邋遢

你和 A 是好朋友。A 多次打电话对你说,他家里收拾得非常干净,欢迎你去他家做客。有一次你正好路过他家,于是突然到访。刚进门就发现 A 家里垃圾遍地,沙发上还堆满了脏衣服,你轻蔑地对 A 说:

你家里收拾得真邋遢!(真诚批评)

你家里收拾得真干净!(反语讽刺)

你和 A 是好朋友。你想去 A 家玩,A 几次都推脱说家里收拾得很邋遢,不好意思让你去。有一次你正好路过他家,于是突然到访。刚进门就发现他家收拾得非常整洁,所有东西都整整齐齐、干干净净,你笑着对 A 说:

你家里收拾得真干净!(真诚赞扬)

你家里收拾得真邋遢!(反语调侃)

他这人的确很勇猛/懦弱

你和 A 都是消防战士,你俩一同去处置火情。在路上 A 不停地对你夸赞新来的同事 C,说他以前当过兵,身材魁梧,肯定非常勇猛。到达现场后,着火的店铺突然传来阵阵的爆炸声,场面十分吓人。一同赶到的消防战士都纷纷冲进大火中去救援被困人员,而新来的同事 C 到现场后,却吓得坐在地上站不起来。你对 A 说:

他这人的确很懦弱!(真诚批评)

他这人的确很勇猛!(反语讽刺)

你和 A 都是消防战士,你俩一同去处置火情。在路上 A 不停地对你吐槽新来的同事 C,说他身材瘦小,弱不禁风,一看就非常懦弱。到达现场后,着火的店铺突然传来阵阵的爆炸声,场面十分吓人。当身经百战的消防战士都被吓得不知所措时,头一次去现场的 C 却迅速冲进大火中,把被困人员救出来了。你敬佩地对 A 说:

他这人的确很勇猛!(真诚赞扬)

他这人的确很懦弱!(反语调侃)

这件礼服十分好看/难看

你是 A 的顾客。A 是一个裁缝,一周前你向他定制了一身礼服,准备穿着礼服参加化装舞会。你去找他取衣服时,发现礼服的样式很奇怪,但 A 说这是最新的款式,穿起来一定会非常好看。由于时间紧急,你只能将就。在舞会上,大家果然嘲笑你的礼服难看,这让你非常郁闷。结束后,你愤怒地对 A 说:

这件礼服十分难看!(真诚批评)

这件礼服十分好看!(反语讽刺)

你是 A 的顾客。A 是一个裁缝,一周前你向他定制了一身礼服,准备穿着礼服参加化装舞会。A 说自己手艺不精,从没做过化装舞会的礼服,担心做得很难看。你之前就找 A 做过衣服,相信他的水平,所以就让 A 大胆地设计。在舞会上,大家纷纷赞叹你的礼服好看,你成为全场的焦点。结束后,你高兴地对 A 说:

这件礼服十分好看!(真诚赞扬)

这件礼服十分难看!(反语调侃)

你唱得非常好听/难听

你是 A 的老师。A 第二天要参加歌手选拔大赛,你很不放心 A,想再辅导一下,让 A 再唱一段。A 唱完,得意地对你说,自己肯定能考第一名。实际上 A 没有按照你的方法练习,唱得很难听,连调都唱不准,你十分愤怒地对 A 说:

你唱得非常难听!(真诚批评)

你唱得非常好听!(反语讽刺)

你和 A 是好朋友。你们几个好朋友在 KTV 里聚会,大家轮流唱一首歌来助兴。轮到 A 时,他推脱说自己五音不全,唱得很难听。在大家多次要求下,他万般无奈唱了一首。大家发现 A 实际上唱得比原唱都好听。结束后,你笑着对 A 说:

你唱得非常好听!(真诚赞扬)

你唱得非常难听!(反语调侃)

你的运气果然很好/很差

你和 A 是同事。A 告诉你,刚才他在路上遇见一个算命先生,硬拉着他说,最

近他的运气很差,但可以卖给他一个转运瓶来转运。算命先生可以保证,今天他就
会有好运气。于是 A 花了高价买了这个瓶子。话音未落,A 上楼梯的时候一不小
心摔倒在地,转运瓶也碎了一地。你对 A 说:

你的运气果然很差!(真诚批评)

你的运气果然很好!(反语讽刺)

你和 A 是同事。下班后你俩相约一起去买彩票,在路上遇到 个算命先生,他
对 A 说,A 的印堂发黑,最近运气很差,只有花钱买他的转运符才能化解。A 告诉
算命先生说自己运气一向很好,然后扭头就走了。到了彩票站,A 花 2 块钱买了一
注彩票,一开奖发现自己中了一等奖。你笑着对 A 说:

你的运气果然很好!(真诚赞扬)

你的运气果然很差!(反语调侃)

你画得这么专业/业余

你是 A 的美术老师。A 学了一年的美术课。这天,他画完一幅素描,到处拿给
其他同学炫耀,说自己画得比老师都专业。这时你正好经过,你拿过他的画一看,
发现他连基本的线条都没画直,班里没学过美术的新生都比他画得好。你生气地
对 A 说:

你画得这么业余!(真诚批评)

你画得这么专业!(反语讽刺)

你和 A 是好朋友。你俩一同选修了美术课。第一次上课,A 画完了一幅素描,
你想拿过来欣赏一下,但 A 推脱说自己画得还很业余,不好意思让你看。你趁他去
厕所时拿过来欣赏,发现他画得非常专业,周围同学都赞叹不已,连美术老师都夸
他画得好。等 A 回来后,你笑着对 A 说:

你画得这么专业!(真诚赞扬)

你画得这么业余!(反语调侃)

你这人相当大方/小气

你和 A 是同事。A 每月的收入接近 2 万元,但他平时不舍得花钱,特别小气。

有一次,你去他家意外地发现,A 每双袜子都破了洞,穿了好多年也不舍得买新的。你无语地对 A 说:

你这人相当小气!（真诚批评）

你这人相当大方!（反语讽刺）

你和 A 是同学。A 是出了名的"铁公鸡",他经常调侃自己确实很小气,从不舍得多花钱。有一次,你去他家玩的时候,意外地发现 A 每月都把攒下的 1000 元生活费捐给一家慈善机构,已经坚持了好几年。你笑着对 A 说:

你这人相当大方!（真诚赞扬）

你这人相当小气!（反语调侃）

你的人缘果然很好/很差

你和 A 是同学。A 告诉你,周末他过生日,凭他的人缘,到时候肯定会有 30 多个老同学来庆祝,希望你也抽空前来相聚。实际上 A 的人缘并不好,周围的同学并不喜欢他,很多人都只是嘴上答应。你来了以后,发现酒桌上位置都空着,只有两三个朋友前来,你对 A 说:

你的人缘果然很差!（真诚批评）

你的人缘果然很好!（反语讽刺）

你和 A 是好朋友。今天是 A 的生日,但他说自己的人缘差,没有几个朋友,所以不想声张,没有告诉其他人。你知道后想给他一个惊喜,于是买了份礼物送到他宿舍。去了之后你发现,他的宿舍人满为患,都是给他送生日礼物的朋友。你笑着对 A 说:

你的人缘果然很好!（真诚赞扬）

你的人缘果然很差!（反语调侃）

你的进步这么快/慢

你是 A 的家长。A 连续 5 次考试都只进步了 1 个名次,而和他一同上补习班的其他同学每次都能进步十几个名次。最近这次期末考试,A 告诉你,他发挥得很好,这次一定会进步很大。成绩发下来后,你发现他考了全班倒数第七,比上次又

只是进步了 1 个名次,你气愤地对 A 说:

你的进步这么慢!(真诚批评)

你的进步这么快!(反语讽刺)

你和 A 是同学。最近几次考试,A 每次成绩都只进步 1 个名次。他跟你抱怨说,自己进步太慢了,昨天的考试估计还是只能进步 1 个名次。成绩公布后,你发现 A 竟然进步了 20 名,成了全班进步最大的同学,你笑着对 A 说:

你的进步这么快!(真诚赞扬)

你的进步这么慢!(反语调侃)

你的学习能力真强/弱

你是 A 的教练。A 报名参加驾驶培训。他总是说自己学习能力很强,一点就通。你演示了一遍上车起步后,其他学员马上就学会了,而 A 在你的指导下,练了一下午都没学会,总是熄火。你生气地对 A 说:

你的学习能力真弱!(真诚批评)

你的学习能力真强!(反语讽刺)

你和 A 是好朋友。你俩一同报名参加驾驶培训。A 一直担心自己学习能力差,怕学不会。教练演示了一遍后,A 很快就学会了,而其他学员练了一个下午也没学会。你佩服地对 A 说:

你的学习能力真强!(真诚赞扬)

你的学习能力真弱!(反语调侃)

你起得可真早/晚

你和 A 是老乡。放暑假了,你俩相约第二天早上 6 点集合,一起去火车站乘车。A 说自己平时早上起得都很早,明早他可以喊你起床。第二天你已经起床收拾好了,A 才刚刚醒,差点就耽误了赶车。你气愤地对 A 说:

你起得可真晚!(真诚批评)

你起得可真早!(反语讽刺)

你和 A 是老乡。放暑假了,你俩相约第二天早上 6 点集合,一起去火车站乘车。A 平时早上都是 10 点才起床,他告诉你,他担心明天会起晚,让你早上喊他起床。但第二天你醒来正要喊 A 的时候,发现他已经收拾好等着你了。你对 A 说:

你起得可真早!(真诚赞扬)

你起得可真晚!(反语调侃)

你的成绩非常好/差

你是 A 所在班的班长。学校通知各班推选学习成绩好的同学参加全校数学竞赛。A 找你报名参加,非说自己数学很好,一定能为班级争光。竞赛结束后,你收到比赛成绩,发现 A 排在全校倒数第一,你生气地对 A 说:

你的成绩非常差!(真诚批评)

你的成绩非常好!(反语讽刺)

你和 A 是好朋友,你是班长。学校通知各班推选学习成绩好的同学参加全校数学竞赛。你希望 A 能代表班级参加,但 A 一直担心自己数学太差,没有能力为班级考个好成绩。在你的劝说下,A 最终参加了竞赛。公布成绩后,你发现 A 的成绩竟然是全校第一,你满意地对 A 说:

你的成绩非常好!(真诚赞扬)

你的成绩非常差!(反语调侃)

你的收入这么高/低

你和 A 在谈恋爱。你俩都是刚参加工作的大学毕业生。相亲时,A 一直吹嘘说自己收入很高,每个月的工资都花不完。恋爱后,你发现 A 的工资实际上每个月只有 3000 元,而周围同学的平均工资少说都有七八千元。你气愤地对 A 说:

你的收入这么低!(真诚批评)

你的收入这么高!(反语讽刺)

你和 A 在谈恋爱。你俩都是刚参加工作的大学毕业生。相亲时,A 一直说自己收入很低,担心挣不够女朋友花。恋爱后,你拿来 A 的工资条一看,他每个月的工资竟然有 3 万多元,而和你一起毕业的其他同学每个月的平均工资才 5000 元左

右,你笑着对 A 说:

你的收入这么高!（真诚赞扬）

你的收入这么低!（反语调侃）

你的力气可真大/小

你和 A 是舍友。A 总说自己力大如牛,而且常年在健身房锻炼,肯定比你的力气大。你不服气,约 A 去健身房比试一下举重。从没有去过健身房锻炼的你可以轻松地举起 90 公斤的杠铃,而 A 费尽全身力气却只能举起 80 公斤。你轻蔑地对 A 说:

你的力气可真小!（真诚批评）

你的力气可真大!（反语讽刺）

你和 A 是舍友。A 总是嫌自己力气太小,说想去健身房锻炼一下,而你常年坚持去健身房。这天,你拉着 A 一起去健身房。你让 A 先试一下举重,没想到 A 竟然能轻松地举起 90 公斤的杠铃。而你经过多年锻炼,才只能举起 80 公斤。你佩服地对 A 说:

你的力气可真大!（真诚赞扬）

你的力气可真小!（反语调侃）

你的英语相当厉害/差劲

你和 A 是好朋友。你俩一起去参加英语口语考试。在路上,A 一直说自己的口语很厉害,自己经常和外国人谈笑风生。正在这时,一个外国人走过来问路,A 却结结巴巴说不出话来,连对方的问话都没听懂。你轻蔑地对 A 说:

你的英语相当差劲!（真诚批评）

你的英语相当厉害!（反语讽刺）

你和 A 是好朋友。你俩一同去参加英语口语考试。在路上,A 一直说自己的英语很差劲,担心考试的时候连考官的问题都听不懂。正在这时,一个外国人走过来问路,A 很流利地给外国人指路,连外国人都夸赞他英语好。你笑着对 A 说:

你的英语相当厉害!（真诚赞扬）

你的英语相当差劲！（反语调侃）

你的记忆力可真强/差

你和 A 是同学。你要找一名队友组队参加诗词背诵比赛。A 说自己的记忆力很强，可以背出所有学过的古诗词，非要和你一起组队。比赛时，你发现 A 竟然背不出好几首刚刚学过的古诗，而其他同学没有一个背不出来的。结束后，你气愤地对 A 说：

你的记忆力可真差！（真诚批评）

你的记忆力可真强！（反语讽刺）

你和 A 是好朋友。A 经常抱怨自己的记忆力不好，记不住以前学过的课文。但在班级组织诗词背诵比赛时，你发现 A 竟然可以背出好几首很久之前学过的诗歌，而其他人都背不出来。你笑着对 A 说：

你的记忆力可真强！（真诚赞扬）

你的记忆力可真差！（反语调侃）

你跑得简直神速/龟速

你是 A 所在班的班长。学校通知各班推选跑得快的同学参加长跑比赛。A 找你报名参加，并表示自己跑得比兔子都快，一定能为班级争光。你把班里唯一的参赛名额给了 A，于是他去参加了比赛。比赛后，听说 A 跑了全校倒数第一，你生气地对 A 说：

你跑得简直龟速！（真诚批评）

你跑得简直神速！（反语讽刺）

你是 A 所在班的班长。学校通知各班推选跑得快的同学参加长跑比赛。你让 A 参加，而 A 表示自己跑得比乌龟还慢，肯定跑不过其他班同学。但在你的鼓励下，他还是去参加了比赛。比赛结束后，A 竟然跑了第一名，连校体育队的同学都甘拜下风。你笑着对 A 说：

你跑得简直神速！（真诚赞扬）

你跑得简直龟速！（反语调侃）

你的见识这么广博/浅薄

你和 A 是朋友。A 平时总是说自己见识广博，自封为"小百科"。有一次，你俩发现路边有一片新种的花。你说这是牵牛花，很常见，而他却说从没见过这种花，肯定不是牵牛花。这时，过来一个小孩子脱口而出，说这是牵牛花，小学课本上讲过。你轻蔑地对 A 说：

你的见识这么浅薄！（真诚批评）

你的见识这么广博！（反语讽刺）

你和 A 是好朋友。A 是出了名的"小百科"，但他总是谦虚地说自己见识还很浅薄，很多东西都不懂。有一次，你俩发现路边有一片新种的花。大家都在猜花的名字，A 过去一看，便认出来是彼岸花。你用手机一查，果然是彼岸花，然后笑着对 A 说：

你的见识这么广博！（真诚赞扬）

你的见识这么浅薄！（反语调侃）

你写的字格外好看/难看

你是 A 所在班的班长。学校组织书法比赛，A 来找你报名参加。你担心他的字不好看，不想让他参加，但他表示他的书法很好，到时候肯定能获得第一。在 A 的软磨硬泡下，你最终同意他参加。比赛后，你在展示板上发现 A 的成绩很靠后，而且 A 的书法作品和别人相比，显得十分潦草、扎眼，你生气地对 A 说：

你写的字格外难看！（真诚批评）

你写的字格外好看！（反语讽刺）

你是 A 所在班的班长，你俩是好朋友。学校组织书法比赛，你建议 A 去参加，但 A 说自己的字太难看，拿不出手。在你的强烈劝说下，他最终参加了比赛。比赛后，你在展示板上发现 A 竟然得了一等奖，他的书法作品和别人相比，显得十分工整、美观。你开心地对 A 说：

你写的字格外好看！（真诚赞扬）

你写的字格外难看！（反语调侃）

你的水平的确很高/差

你和 A 是好朋友。办公室里你的电脑坏了,你本打算找个专业人士来修理,A 跑过来想帮忙。你之前听别人说 A 的水平很差,但 A 坚持说在学了很多的修理教程后,他的水平已经很高了,肯定很快就能修好。A 在一番折腾后,不仅没有找出问题所在,而且还搞丢了你的重要数据。你生气地对 A 说:

你的水平的确很差!(真诚批评)

你的水平的确很高!(反语讽刺)

你和 A 是好朋友。办公室里你的电脑坏了,大家都在尝试修理,却都修不好。这时有人说 A 平时很懂电子产品,估计电脑水平很高,可以找他来帮忙。A 却说自己水平还很差,不知道能不能修好。在你的劝说下,他过来尝试修了一下。不一会儿,电脑竟然修好了。你笑着对 A 说:

你的水平的确很高!(真诚赞扬)

你的水平的确很差!(反语调侃)

你的身体果然很强壮/虚弱

你和 A 是舍友。你俩一同搬到新宿舍,还请了其他朋友来帮忙。平时 A 总说自己的身体很强壮,力大无比。但今天搬家时,你发现 A 每搬一趟,就喊着身体太虚弱,一直坐着休息,而同样来帮忙的女生,搬的比他重,上下搬了 3 趟都没有停下来。你轻蔑地对 A 说:

你的身体果然很虚弱!(真诚批评)

你的身体果然很强壮!(反语讽刺)

你和 A 是舍友。你俩一同搬到新宿舍,还请了搬家公司来帮忙。平时 A 总说自己身体虚弱,手无缚鸡之力。但今天搬家时,你发现连搬家工人都累得满头大汗、气喘吁吁,而 A 竟然大气不喘,一点不累。你佩服地对 A 说:

你的身体果然很强壮!(真诚赞扬)

你的身体果然很虚弱!(反语调侃)

你的成果确实不少/不多

你和 A 是同学。A 在国外读博士,春节回家探亲时,A 对你说他已经发表了十几篇论文,回国找工作肯定是没问题的。你拿过 A 的简历一看,核心论文只有 1 篇,其他都是不算数的会议论文。而一般高校招聘时,都要求至少有 4 篇核心论文。你轻蔑地对 A 说:

你的成果确实不多!(真诚批评)

你的成果确实不少!(反语讽刺)

你和 A 是好朋友。A 在国外读博士,春节回家探亲时,A 对你说他的论文成果不多,担心回国找不到好工作。你拿来 A 的简历一看,发现 A 在 3 年间发表了 7 篇论文。实际上,一般同学顶多才能发 2 篇。你笑着对 A 说:

你的成果确实不少!(真诚赞扬)

你的成果确实不多!(反语调侃)

二、填充材料(部分)

你是零食工坊的售货员,A 是一个漂亮的女顾客,而且是这家店的常客,每次都会来买很多东西。今天 A 还没进门,离得很远的时候你就看见她了。待她走近,你连忙帮她推开门,笑着对她说:

欢迎光临零食工坊!

你是一名警察,A 是普通乘客。一天,你在地铁安检口执勤。你看见 A 背的包里鼓鼓的,而且行色匆匆。你感觉他有点不对劲,于是走上前去,严肃地对 A 说:

麻烦看一下你的身份证。

你是一家服装店的销售员,A 是前来买衣服的顾客。你看见 A 在一件衣服前看了很久,似乎有些纠结。你走过去,把现有的优惠活动告诉了 A。但他又继续询问还有没有更大的折扣,你不耐烦地对 A 说:

现在已经是半价优惠了。

你是金陵饭店的大堂经理,A 是一名顾客。A 今天去金陵饭店宴请重要的客人。他来到饭店后,发现自己预订的席位在大堂,而大堂里人太多,非常吵闹。当他发现包间空着的时候,他要求安排到包间。你客气地对 A 说:

那个房间已经被预订了。

你是某公司的人事经理,A 是来应聘的大学生。在参加完一系列的面试后,A 告诉你说,他着急赶火车,所以想提前知道面试结果。你查看了 A 的成绩,发现他面试失败,但又不好意思直接说,于是你便敷衍地对 A 说:

有消息会通知你的。

附录三　语音采集设备简介

科奥克声学(CA Acoustics)录音棚

本实验室的录音棚经验收检测显示,本底噪声不超过 20dBA,混响时间在 500Hz 以上的中频段小于 0.3s。经多次测试录音及监听,认为该声学特性不影响录音质量。

大振膜电容式话筒(Neumann U87 Ai,电容式麦克风)

U87 Ai 是一款大振膜[振膜直径大于 0.75 英寸(1.905 厘米)称为大振膜]话筒,由于该话筒既能应对高达 127dB 的声压不变调,也能消除近距离讲话产生的低频噪声,频响范围为 20Hz—20kHz,因此非常适用于专业人声采集。该话筒具有 3 种指向性,分别是心形(适用于单人录音)、8 字形(适用于双人对侧录音)和全向形(适用于多人同时录音)。

单通道话筒放大器(Daking Mic Pre One)

Mic Pre One 是一款单通道的前置话筒放大器,具有高达 70dB 的增益,可以在信号被叠加线路噪声之前进行放大。同时还具有 10—200Hz 范围内的高通滤波,可以有效滤掉低频噪声。另外,该设备的 DI-style 钢制外壳可以有效屏蔽电磁辐射。在实时录制时,增益设为 40dB,高通滤波截止频率设为 35Hz,以便消除和语音无关的低频噪声。

火线声卡(RME Fireface 800)

该声卡具有 56 路通道(录制和播放,支持 8 进 8 出),采样率最高支持 192kHz,是通过火线接口(IEEE1394b)传输的高速声卡。同时还具有多级滤波、单独增益放大、高信噪比(119dB)等优点。

电子声门仪(Laryngograph ® microprocessor)

Laryngograph 是专门服务于言语病理学家、耳鼻喉科医生、语音学家、歌唱家等专业人员的英国公司,成立于 1973 年,是发明电子声门仪的前驱。该公司生产的微处理器可同时采集噪音、语音、鼻流、口流气压等 4 路信号。通过比较不同品牌的电子声门仪,该型号的采集信噪比最高,录制的信号质量最好。

附录四　被试信息简表

表1　发音被试信息

序号	姓名	性别	生日	出生城市	学院	专业	普通话水平
1	LC	男	1993-11-20	安徽阜阳	文学院	语言学及应用语言学	二级甲等
2	YZZ	男	1994-11-03	江苏南京	文学院	语言学及应用语言学	二级甲等
3	ZYL	男	1996-03-24	安徽合肥	外国语学院	英语语言文学	二级甲等
4	LHZ	男	1992-11-12	广东潮州	文学院	语言学及应用语言学	二级甲等
5	ZH	男	1993-11-28	江苏南京	外国语学院	比较文学与世界文学	二级甲等
6	MLL	男	1994-11-22	山东潍坊	新闻与传播学院	新闻传播学	一级乙等
7	ZKJ	男	1995-10-12	江苏南通	外国语学院	英语语言文学	二级甲等
8	WXD	男	1995-09-05	江苏宿迁	文学院	中国古典文献学	二级甲等
9	SGX	男	1995-02-01	辽宁鞍山	机械工程学院	兵器工程	二级甲等
10	CN	男	1993-03-25	山东聊城	文学院	语言学及应用语言学	二级甲等
11	WJJ	男	1994-05-13	山东菏泽	文学院	汉语言文字学	二级甲等
12	LL	男	1990-09-16	山东临沂	文学院	语言学及应用语言学	二级甲等
13	FP	女	1991-06-24	安徽阜阳	文学院	语言学及应用语言学	二级甲等
14	GH	女	1994-10-29	河北邯郸	文学院	语言学及应用语言学	二级甲等
15	JY	女	1996-02-12	辽宁葫芦岛	文学院	语言学及应用语言学	二级甲等
16	XCW	女	1994-09-25	江苏南通	外国语学院	外国语言学及应用语言学	二级甲等
17	ZYL	女	1995-10-05	湖南娄底	文学院	语言学及应用语言学	二级甲等
18	JD	女	1995-04-12	浙江金华	文学院	语言学及应用语言学	二级甲等
19	QJL	女	1996-04-18	浙江台州	文学院	语言学及应用语言学	二级甲等
20	XR	女	1992-12-27	江苏南通	文学院	语言学及应用语言学	二级甲等
21	XHH	女	1994-10-07	河南驻马店	文学院	语言学及应用语言学	二级甲等
22	JWD	女	1995-03-26	江苏常州	文学院	语言学及应用语言学	二级甲等
23	GY	女	1995-06-01	江苏南京	文学院	汉语言文字学	二级甲等
24	ZH	女	1995-08-19	山东青岛	文学院	语言学及应用语言学	二级甲等

表2 听辨被试信息

序号	姓名	性别	出生日期	出生地	学院	专业
1	WSY	男	1997-07-18	河南焦作	新闻与传播学院	新闻传播学
2	WXS	男	1989-10-27	河北沧州	文学院	中国现当代文学
3	SYQ	男	1995-11-21	安徽马鞍山	文学院	文艺学
4	WZH	男	2001-07-31	安徽淮北	音乐学院	小提琴
5	CYF	男	1997-09-14	湖北荆州	音乐学院	音乐学
6	ZSW	男	1999-03-23	安徽安庆	金陵女子学院	会计学
7	CX	男	1994-11-24	上海宝山区	经济与管理学院	会计学
8	QL	男	1995-12-11	山西大同	文学院	古典文献学
9	LFM	男	1996-05-20	山东潍坊	文学院	文艺学
10	JS	男	1996-02-22	山东济南	社会发展学院	社会工作
11	LYF	男	1996-09-24	江苏苏州	文学院	中国现当代文学
12	TSQ	男	2001-08-31	江苏徐州	音乐学院	音乐学
13	WZN	男	1998-06-29	安徽合肥	动物医学院	动物医学
14	HK	男	2001-09-06	江苏盐城	音乐学院	音乐学（师范）
15	LSS	男	1992-08-03	江苏南京	文学院	语言学及应用语言学
16	WY	男	1995-10-27	江苏徐州	文学院	汉语言文字学
17	CPH	男	1995-12-11	甘肃兰州	金陵女子学院	社会保障
18	ZWY	男	1996-08-11	山西阳泉	文学院	中国现当代文学
19	QKP	男	1994-11-28	山东德州	心理学院	发展与教育心理学
20	YM	男	1996-09-08	河南信阳	文学院	汉语言文字学
21	HHM	男	1998-06-27	江苏镇江	金陵女子学院	会计学
22	RX	男	1997-05-09	江苏盐城	文学院	现当代文学
23	BXT	男	1996-05-12	山东日照	文学院	语言学及应用语言学
24	XYH	男	1995-09-18	江苏宿迁	文学院	中国现当代文学
25	WQY	男	1996-02-10	福建福州	文学院	汉语言文字学
26	HD	男	1997-08-11	安徽马鞍山	文学院	文艺学
27	CBY	女	1998-02-16	江苏苏州	国际文化教育学院	汉语国际教育
28	BZR	女	1998-06-24	江苏苏州	国际文化教育学院	汉语国际教育
29	WWW	女	1989-05-15	安徽宿州	文学院	文艺学

序号	姓名	性别	出生日期	出生地	学院	专业
30	CJ	女	1996-09-03	内蒙古通辽	社会发展学院	世界史
31	ZXM	女	1990-03-06	山东枣庄	文学院	戏剧与影视学
32	ZMM	女	1996-06-20	安徽蚌埠	心理学院	心理学
33	TQL	女	1999-03-17	新疆巴音郭楞	动物医学院	动物医学
34	YYT	女	1994-09-24	河北张家口	心理学院	心理学
35	CZY	女	1997-02-15	浙江宁波	文学院	中国现当代文学
36	YRY	女	1998-07-10	重庆沙坪坝区	国际文化教育学院	汉语国际教育
37	WZ	女	1997-01-22	浙江宁波	文学院	中国现当代文学
38	WRX	女	1997-09-01	江西吉安	文学院	比较文学与世界文学
39	MHM	女	1996-09-11	安徽宣城	心理学院	发展与教育心理学
40	ZY	女	1996-01-09	安徽马鞍山	新闻与传播学院	新闻传播学
41	HY	女	1996-03-25	新疆乌鲁木齐	心理学院	应用心理学
42	LYY	女	1997-02-15	浙江宁波	文学院	中国古代文学
43	YKY	女	1995-02-14	山东滨州	文学院	文艺学
44	DB	女	1996-01-28	山东济宁	外国语学院	英语语言文学
45	ZKX	女	1997-06-27	江苏苏州	文学院	中国现当代文学
46	YL	女	1989-07-25	贵州贵阳	文学院	中国古典文献学
47	XJ	女	1996-12-26	山东菏泽	外国语学院	英语语言文学
48	CYZ	女	1996-08-19	天津滨海新区	文学院	语言学及应用语言学
49	ZXM	女	1996-08-26	甘肃兰州	文学院	文艺学
50	ZTY	女	1997-12-18	湖南长沙	文学院	文艺学
51	PZQ	女	1996-11-17	江苏南京	文学院	中国现当代文学
52	JSM	女	1997-11-30	山东聊城	文学院	中国现当代文学
53	XZW	女	2001-03-04	江苏南京	音乐学院	音乐学
54	NBR	女	1995-09-03	山东青岛	教育科学学院	课程与教学论
55	YFY	女	1997-10-10	山东聊城	外国语学院	英语语言文学
56	GXR	女	1997-01-20	安徽马鞍山	新闻与传播学院	新闻传播学
57	DXY	女	1997-10-31	山东临沂	外国语学院	英语语言文学
58	WX	女	1997-02-15	辽宁阜新	新闻与传播学院	新闻传播学
59	YWB	女	1989-08-03	黑龙江哈尔滨	文学院	语言学及应用语言学

表3　脑电被试信息

序号	姓名	性别	出生日期	出生地	学院	专业
1	HH	男	1996-09-05	江苏淮安	文学院	汉语言文字学
2	ZC	男	1991-05-01	安徽阜阳	公共管理学院	MPA
3	ZL	男	1998-12-21	江苏扬州	经济与管理学院	人力资源管理
4	DYL	男	1994-10-14	山西忻州	烹饪职业学院	中餐
5	YW	男	1995-02-25	山东临沂	教育科学学院	现代教育技术学
6	LXX	男	1989-12-25	山东潍坊	文学院	汉语言文字学
7	ZT	男	1993-10-27	湖北恩施	文学与传媒学院	汉语言文学
8	LC	男	1989-10-14	江苏常州	文学院	中国古典文献学
9	YXC	男	1995-05-03	河北张家口	心理学院	应用心理学
10	YYS	男	1983-12-31	江苏徐州	国际文化教育学院	对外汉语教学
11	ZWF	男	1991-08-10	安徽亳州	文学院	汉语言
12	HX	男	1995-03-06	广西河池	外国语学院	英语语言文学
13	LM	男	1994-01-24	河南周口	文学院	中国古代文学
14	LB	男	1985-03-21	江苏徐州	文学院	中国古典文献学
15	GSS	男	1993-11-25	河北邯郸	文学院	中国古代文学
16	ZJK	男	1994-12-27	河北唐山	文学院	文艺学
17	ZH	男	1994-10-22	天津滨海新区	文学院	文艺学
18	WXS	男	1990-10-27	河北沧州	文学院	中国现当代文学
19	BWZ	女	1990-12-24	甘肃兰州	文学院	比较文学与世界文学
20	YPY	女	1995-09-10	河南郑州	文学院	语言学及应用语言学
21	YC	女	1997-08-22	安徽合肥	文学院	语言学及应用语言学
22	LSX	女	1993-02-15	山西阳泉	文学院	语言学及应用语言学
23	WXP	女	1994-02-12	甘肃兰州	文学院	语言学及应用语言学
24	SXM	女	1995-11-02	江苏南京	社会发展学院	中国史
25	YMM	女	1998-03-01	江西宜春	金陵女子学院	英语
26	KY	女	1994-05-24	福建福州	文学院	汉语言文字学
27	XYR	女	1995-10-12	江苏南通	强化培养学院	应用心理学
28	WLL	女	1995-10-02	安徽安庆	社会发展学院	社会工作

序号	姓名	性别	出生日期	出生地	学院	专业
29	DHY	女	1991-09-17	江苏常州	外国语学院	英语
30	LGC	女	1996-10-17	山东聊城	社会发展学院	社会工作
31	WJH	女	1996-11-16	安徽滁州	社会发展学院	社会工作
32	LH	女	1996-11-26	江西赣州	教育科学学院	教育技术学
33	WY	女	1994-12-16	河南南阳	外国语学院	英语笔译
34	FH	女	1995-01-03	山西晋中	教育科学学院	教育技术学
35	JL	女	1996-05-15	江苏扬州	教育科学学院	现代教育技术
36	THM	女	1996-08-20	安徽马鞍山	国教院	汉语国际教育
37	RST	女	1997-02-11	江苏南京	文学院	汉语言文学
38	QZH	女	1995-11-28	山东淄博	外国语学院	英语语言文学
39	LDM	女	1995-11-26	山西忻州	教育科学学院	现代教育技术

参考文献

ABRAMS M H, HARPHAM G G, 2009. A glossary of literary terms [M]. Boston: Wadsworth Cengage Learning.

ACKERMAN B P, 1983. Form and function in children's understanding of ironic utterances [J]. Journal of experimental child psychology, 35(3): 487-508.

ACUNZO D J, MACKENZIE G, VAN ROSSUM M C, 2012. Systematic biases in early ERP and ERF components as a result of high-pass filtering [J]. Journal of neuroscience methods, 209(1): 212-218.

ADACHI T, 1996. Sarcasm in Japanese [J]. Studies in language, 20(1): 1-36.

ADLER R M, NOVICK J M, HUANG Y T, 2016. The time course of verbal irony comprehension and context integration: Proceedings of trends in experimental pragmatics [C]. Berlin: Trends in Experimental Pragmatics.

ANOLLI L, CICERI R, INFANTINO M G, 2000. Irony as a game of implicitness: acoustic profiles of ironic communication [J]. Journal of psycholinguistic research, 29(3): 275-311.

ANOLLI L, CICERI R, INFANTINO M G, 2002. From "blame by praise" to "praise by blame": analysis of vocal patterns in ironic communication [J]. International journal of psychology, 37(5): 266-276.

ARGYLE M, SALTER V, NICHOLSON H, et al., 1970. The communication of inferior and superior attitudes by verbal and non-verbal signals [J]. British journal of social and clinical psychology, 9(3): 222-231.

ATTARDO S, EISTERHOLD J, HAY J, et al., 2003. Multimodal markers of irony and sarcasm [J]. Humor international journal of humor research, 16(2): 243-260.

AVERBECK J M, 2010. Irony and language expectancy theory: evaluations of expectancy violation outcomes [J]. Communication studies, 61(3): 356-372.

AWAN S N,FRENKEL M L,1994. Improvements in estimating the harmonics-to-noise ratio of the voice[J]. Journal of voice:official journal of the voice foundation, 8(3):255.

BALCONI M,AMENTA S,2008. Isn't it ironic?:an analysis on the elaboration of ironic sentences with ERPs[J]. The open applied linguistics journal(1):9-17.

BANSE R,SCHERER K R,1996. Acoustic profiles in vocal emotion expression[J]. Journal of personality and social psychology,70(3):614-636.

BAPTISTA N I, MANFREDI M, BOGGIO P S, 2018. Medial prefrontal cortex stimulation modulates irony processing as indexed by the N400 [J]. Social neuroscience,13(4):495-510.

BATES D,MAECHLER M,BOLKER B,et al.,2018. Linear mixed-effects models using "eigen" and S4[EB/OL]. [2024-08-31] https://CRAN. Rproject. org/package =lme4.

BELYK M, BROWN S, 2014. Perception of affective and linguistic prosody:an ALE meta-analysis of neuroimaging studies [J]. Social cognitive and affective neuroscience,9(9):1395-1403.

BERGER H, 1929. Über das elektrenkephalogramm des menschen [J]. European archives of psychiatry and clinical neuroscience,87(1):527-570.

BLASKO D G,KAZMERSKI V A,2006. ERP correlates of individual differences in the comprehension of nonliteral language[J]. Metaphor and symbol,21(4):267-284.

BLENNER J L, YINGLING C D,1994. Effects of prefrontal cortex lesions on visual evoked potential augmenting/reducing[J]. International journal of neuroscience, 78(3-4):145-156.

BOSTANOV V, KOTCHOUBEY B,2004. Recognition of affective prosody:continuous wavelet measures of event-related brain potentials to emotional exclamations[J]. Psychophysiology,41(2):259-268.

BOWES A,KATZ A,2011. When sarcasm stings[J]. Discourse processes,48(4):215-236.

BRAUN A,SCHMIEDEL A,2018. The phonetics of ambiguity:a study on verbal irony [M]//WINTER-FROEMEL E,THALER V. Cultures and traditions of wordplay and wordplay research. Berlin:De Gruyter:111-136.

BRAUN A,SCHULZ C,SCHMIEDEL A,2019. Asperger autism and irony:a perception experiment[EB/OL]. (2019-07-31)[2024-08-31]. https://assta. org/proceedings/ ICPhS2019/papers/ICPhS_1519. pdf.

BROWN K,GORDON E,WILLIAMS L,et al. ,2000. Misattribution of sensory input reflected in dysfunctional target: non-target ERPs in schizophrenia [J]. Psychological medicine,30(6):1443-1449.

BROWN L, WINTER B, IDEMARU K, et al. , 2014. Phonetics and politeness: Perceiving Korean honorific and non-honorific speech through phonetic cues[J]. Journal of pragmatics,66:45-60.

BRYANT G A,2010. Prosodic contrasts in ironic speech[J]. Discourse processes, 47(7):545-566.

BRYANT G A,TREE J E,2002. Recognizing verbal irony in spontaneous speech[J]. Metaphor and symbol,17(2):99-119.

BRYANT G A,TREE J E,2005. Is there an ironic tone of voice? [J]. Language and speech,48(3):257-277.

BUCHANAN T W,LUTZ K,MIRZAZADE S,et al. ,2000. Recognition of emotional prosody and verbal components of spoken language:an fMRI study[J]. Cognitive brain research,9(3):227-238.

BURGOON J K,1978. A communication model of personal space violations:explication and an initial test[J]. Human communication research,4(2):129-142.

BURGOON J K,HALE J L,1988. Nonverbal expectancy violations:model elaboration and application to immediacy behaviors[J]. Communication monographs,55(1): 58-79.

BURGOON M, 1995. Language expectancy theory: elaboration, explication, and extension [M]//BERGER C R, BURGOON M. Communication and social influence processes. East Lansing, Michigan: Michigan State University Press: 29-52.

BURKHARDT F, STEINHILBER A, WEISS B, 2018. Ironic speech evaluation acoustic correlates by means of speech synthesis[J]. Studientexte zur sprachkommunikation:

elektronische sprachsignalverarbeitung：342-350.

CAFFARRA S，MICHELL E，MARTIN C D，2018. The impact of foreign accent on irony interpretation［J］. Plos one，13（8）：e0200939.

CAILLIES S，GOBIN P，OBERT A，et al. ，2019. Asymmetry of affect in verbal irony understanding：what about the N400 and P600 components？［J］. Journal of neurolinguistics，51：268-277.

CAMPBELL N，MOKHTARI P，2003. Voice Quality：the 4th prosodic dimension［J］. Barcelona：15 th International Congress of Phonetic Sciences：2417-2420.

CAPELLI C A，NAKAGAWA N，MADDEN C M，1990. How children understand sarcasm：the role of context and intonation［J］. Child development，61（6）：1824-1841.

CHEANG H S，PELL M D，2008. The sound of sarcasm［J］. Speech communication，50（5）：366-381.

CHEANG H S，PELL M D，2009. Acoustic markers of sarcasm in Cantonese and English［J］. Journal of the acoustical society of AMERICA，126（3）：1394-1405.

CHEANG H S，PELL M D，2011. Recognizing sarcasm without language：a cross-linguistic study of English and Cantonese［J］. Pragmatics & cognition，19（2）：203-223.

CHEN A，BOVES L，2018. What's in a word：sounding sarcastic in British English［J］. Journal of the international phonetic association，48（1）：57-76.

CHEN X，ZHAO L，JIANG A，et al. ，2011. Event-related potential correlates of the expectancy violation effect during emotional prosody processing［J］. Biological psychology，86（3）：158-167.

COLSTON H L，1997. Salting a wound or sugaring a pill：the pragmatic functions of ironic criticism［J］. Discourse processes，23（1）：25-45.

CORNEJO C，SIMONETTI F，ALDUNATE N，et al. ，2007. Electrophysiological evidence of different interpretative strategies in irony comprehension［J］. Journal of psycholinguistic research，36（6）：411-430.

CROWLEY K E，COLRAIN I M，2004. A review of the evidence for P2 being an independent component process：age，sleep and modality［J］. Clinical neurophysiology，115（4）：732-744.

CRYSTAL D, 2008. A dictionary of linguistics and phonetics[M]. 6th ed. London: Blackwell Publishing Ltd.

CUTLER A, 1974. On saying what you mean without meaning what you say[J]. Papers from regional meeting of the Chicago linguistic society, 10:117-127.

CUTLER A, 1976. Beyond parsing and lexical look-up: an enriched description of auditory sentence comprehension [M]//WALES R J, WALKER E. New approaches to language mechanisms: a collection of psycholinguistic studies. Amsterdam: North-Holland:133-149.

DARWIN C, 1871. The descent of man, and selection in relation to sex[M]. London: John Murray.

DAVIS P A, 1939. Effects of acoustic stimuli on the waking human brain[J]. Journal of neurophysiology, 2(6):494-499.

DEL GOLETO S, KOSTOVA M, BLANCHET A, 2016. Impaired context processing during irony comprehension in schizotypy: an ERPs study [J]. International journal of psychophysiology, 105:17-25.

DELIENS G, ANTONIOU K, CLIN E, et al., 2017. Perspective-taking and frugal strategies: evidence from sarcasm detection [J]. Journal of pragmatics, 119: 33-45.

DELIENS G, ANTONIOU K, CLIN E, et al., 2018. Context, facial expression and prosody in irony processing[J]. Journal of memory and language, 99:35-48.

DEWS S, KAPLAN J, WINNER E, 1995. Why not say it directly the social functions of irony[J]. Discourse processes, 19:347-367.

DEWS S, WINNER E, 1995. Muting the meaning: a social function of irony [J]. Metaphor and symbolic activity, 10(1):3-19.

FERNALD A, MAZZIE C, 1991. Prosody and focus in speech to infants and adults[J]. Developmental psychology, 27(1):209-221.

FERRAND C T, 2002. Harmonics-to-noise ratio: an index of vocal aging[J]. Journal of voice, 16(4):480-487.

FILIK R, BRIGHTMAN E, GATHERCOLE C, et al., 2017. The emotional impact of verbal irony: eye-tracking evidence for a two-stage process[J]. Journal of memory and language,93:193-202.

FILIK R,HUNTER C M,LEUTHOLD H,2015. When language gets emotional:irony and the embodiment of affect in discourse[J]. Acta psychologica,156:114-125.

FILIK R, LEUTHOLD H, WALLINGTON K, et al. , 2014. Testing theories of irony processing using eye-tracking and ERPs[J]. Journal of experimental psychology-learning memory and cognition,40(3):811-828.

FILIK R, TURCAN A, THOMPSON D, et al. , 2016. Sarcasm and emoticons: comprehension and emotional impact [J]. Quarterly journal of experimental psychology,69(11):2130-2146.

FLETCHER J,2010. The prosody of speech:timing and rhythm[M]//HARDCASTLE W J, LAVER J, GIBBON F E. The handbook of phonetic sciences. 2nd ed. Oxford:Wiley-Blackwell:523-602.

FÓNAGY I,1971. The functions of vocal style[M]//CHATMAN S. Literary style:a symposium. London & New York:Oxford University Press:159-174.

FOXE J,SIMPSON G,2002. Flow of activation from V1 to frontal cortex in humans[J]. Experimental brain research,142(1):139-150.

FRY D B,1955. Duration and intensity as physical correlates of linguistic stress[J]. Journal of the acoustical society of America,4(27):765-768.

GARCÍA-LARREA LLUKASZEWICZ A,MAUGUIÉRE F,1992. Revisiting the oddball paradigm. Non-target vs neutral stimuli and the evaluation of ERP attentional effects[J]. Neuropsychologia,30(8):723-741.

GENT H,2019. F0 as a Cue for Irony in Spontaneous Speech[EB/OL]. (2019-08-02) [2024-08-31]. https://www. internationalphoneticassociation. org/icphs-proceedings/ICPhS2019/papers/ICPhS_760. pdf.

GIBBS R W,1986. On the psycholinguistics of sarcasm[J]. Journal of experimental psychology,115(1):3-15.

GIBBS R W,1994. Figurative thought and figurative language[M]//TRAXLER M J, GERNSBACHER M A. The handbook of psycholinguistics. San Diego:Academic Press:411-446.

GIBBS R W,2000. Irony in talk among friends[J]. Metaphor and symbol,15(1):5-

27.

GIBBS R W, O'BRIEN J, 1991. Psychological aspects of irony understanding [J]. Journal of pragmatics, 16(6): 523-530.

GIBBS R W, O'BRIEN J E, DOOLITTLE S, 1995. Inferring meanings that are not intended: speaker's intentions and irony comprehension [J]. Discourse processes, 20(2): 187-203.

GIORA R, 1997. Understanding figurative and literal language: the graded salience hypothesis [J]. Cognitive linguistics, 7: 183-206.

GIORA R, 1999. On the priority of salient meanings: studies of literal and figurative language [J]. Journal of pragmatics, 31(7): 919-929.

GIORA R, FEIN O, LAADAN D, et al., 2007. Expecting irony: context versus salience-based effects [J]. Metaphor and symbol, 22(2): 119-146.

GLENWRIGHT M, PARACKEL J M, CHEUNG K R, et al., 2014. Intonation influences how children and adults interpret sarcasm [J]. Journal of child language, 41(2): 472-484.

GONZÁLEZ-FUENTE S, ESCANDELL-VIDAL V, PRIETO P, 2015. Gestural codas pave the way to the understanding of verbal irony [J]. Journal of pragmatics, 90: 26-47.

GONZÁLEZ-FUENTE S, PILAR P, NOVECK I, 2016. A fine-grained analysis of the acoustic cues involved in verbal irony recognition in French [J]. Boston Volume: Proceedings of Speech Prosody 2016: 902-906.

GRICE H P, 1975. Logic and conversation [M]//COLE P, MORGAN J L. Speech acts: syntax and semantics. New York: Academic Press: 41-58.

GRICHKOVTSOVA I, MOREL M, LACHERET A, 2012. The role of voice quality and prosodic contour in affective speech perception [J]. Speech communication, 54(3): 414-429.

HAIMAN J, 1998. Talk is cheap: sarcasm, alienation, and the evolution of language [M]. New York: Oxford University Press.

HIRSCHBERG J, 2002. Communication and prosody: functional aspects of prosody [J]. Speech communication, 36(1): 31-43.

HOSOKAWA K, OGAWA M, HASHIMOTO M, et al. ,2014. Statistical analysis of the reliability of acoustic and electroglottographic perturbation parameters for the detection of vocal roughness[J]. Journal of voice,28(2):263-269.

IDEMARU K, WINTER B, BROWN L, et al. , 2019. Loudness trumps pitch in politeness judgments: evidence from Korean deferential speech[J]. Language and speech: 1-26.

ISELI M, ALWAN A, 2004. An improved correction formula for the estimation of harmonic magnitudes and its application to open quotient estimation: proceedings of ICASSP[C]. Montreal: IEEE.

ISELI M, SHUE Y, ALWAN A, 2006. Age- and gender- dependent analysis of voice source characteristics: IEEE international conference on acoustics speech and signal processing proceedings[C]. Toulouse: IEEE.

ISELI M, SHUE Y L, ALWAN A, 2007. Age, sex, and vowel dependencies of acoustic measures related to the voice source[J]. The journal of the acoustical society of America, 121(4): 2283-2295.

IVANKO S L, PEXMAN P M, 2003. Context incongruity and irony processing[J]. Discourse processes, 35(3): 241-279.

JACOB H, KREIFELTS B, NIZIELSKI S, et al. ,2016. Effects of emotional intelligence on the impression of irony created by the mismatch between verbal and nonverbal cues[J]. Plos one,11:e016321110.

JIANG X, PELL M D, 2016. Neural responses towards a speaker's feeling of (un) knowing[J]. Neuropsychologia,81:79-93.

JUN S, BISHOP J,2015. Priming implicit prosody: prosodic boundaries and individual differences[J]. Language and speech,58(4):459-473.

KAAKINENA J K, HENRI OLKONIEMIA T, HYÖNÄ K J,2014. Processing of written irony: an eye movement study[J]. Discourse processes,51(4):287-311.

KEATING P, GARELLEK M, KREIMAN J,2015. Acoustic properties of different kinds of creaky voice[EB/OL]. (2015-05-07)[2024-08-31]. https://idiom. ucsd. edu/~mgarellek/files/Keating_etal_2015_ICPhS. pdf.

KEENAN T R, QUIGLEY K,1999. Do young children use echoic information in their comprehension of sarcastic speech? A test of echoic mention theory[J]. British journal of developmental psychology,17(1):83-96.

KHAN S U D,BECKER K,ZIMMAN L,2015. The acoustics of perceived creaky voice in American English[J]. The journal of the acoustical society of America,138 (3):1809.

KOTZ S A,PAULMANN S,2007. When emotional prosody and semantics dance cheek to cheek:ERP evidence[J]. Brain research,1151:107-118.

KREUZ R J,2000. The production and processing of verbal irony[J]. Metaphor and symbol,15(1-2):99-107.

KREUZ R J,GLUCKSBERG S,1989. How to be sarcastic:the echoic reminder theory of verbal irony[J]. Journal of experimental psychology:general,118(4):374-386.

KREUZ R J, KASSLER M A, COPPENRATH L, et al., 1999. Tag questions and common ground effects in the perception of verbal irony[J]. Journal of pragmatics, 31:1685-1700.

KREUZ R J, ROBERTS R M, 1993. On satire and parody:the importance of being ironic[J]. Metaphor and symbolic activity,8(2):97-109.

KREUZ R J,ROBERTS R M,1995. Two cues for verbal irony:hyperbole and the ironic tone of voice[J]. Metaphor and symbolic activity,10(1):21-31.

KUMON-NAKAMURA S, GLUCKSBERG S, BROWN M, 1995. How about another piece of pie:the allusional pretense theory of discourse Irony [J]. Journal of experimental psychology:general,124:3-21.

KUTAS M,HILLYARD S A,1980. Reading senseless sentences:brain potentials reflect semantic incongruity[J]. Science,207(4427):203-205.

LAN C, HUI P L, XU W, et al., 2019. Revisiting acoustic markers of sarcasm in Cantonese[EB/OL]. (2019-08-27)[2024-08-31]. https://ling. cuhk. edu. hk/people/peggy/ICPhS2019_LanHuiXuMok. pdf.

LAVAL V, BERT-ERBOUL A, 2005. French-speaking children's understanding of sarcasm:the role of intonation and context[J]. Journal of speech language and hearing research,48(3):610-620.

LEE C J,KATZ A N,1998. The differential role of ridicule in sarcasm and irony[J].

Metaphor and symbol,13(1):1-15.

LEGGITT J S, GIBBS R, 2000. Emotional reactions to verbal irony[J]. Discourse processes,29(1):1-24.

LENTH R V, 2016. Least-squares means: the r package lsmeans[J]. Journal of statistical software,69(1):1-33.

LENTH R V, 2018. Emmeans: estimated marginal means, aka least-squares means [CP/OL]. https://CRAN. R-project. org/package = emmeans.

LI A, 2015. Emotional intonation modeling: applying PENTA model to Chinese and Japanese emotional speech[M]//LI A. Encoding and decoding of emotional speech. Berlin: Springer: 165-188.

LIAW A, WIENER M, 2018. Breiman and cutler's random forests for classification and regression[CP/OL]. https://cran. r-project. org/web/packages/randomForest/index. html.

LOEVENBRUCK H, JANNET M A B, IMPERIO M D, et al. ,2013. Prosodic cues of sarcastic speech in French:slower,higher,wider[EB/OL]. (2013-09-20)[2024-08-31]. https://hal. science/hal-00864346/file/Loevenbruck_etal_Interspeech 2013. pdf.

LUCK S J, 2014. An introduction to the event-related potential technique[M]. Cambridge:MIT Press.

MATSUI T,NAKAMURA T,UTSUMI A,et al. ,2016. The role of prosody and context in sarcasm comprehension:behavioral and fMRI evidence[J]. Neuropsychologia, 87:74-84.

MAUCHAND M,VERGIS N,PELL M D,2018. Ironic tones of voices[J]. Poznań:9th International Conference on Speech Prosody:443-447.

MILANOWICZ A, 2013. Irony as a means of perception through communication channels. Emotions,attitude and IQ related to irony across gender[J]. Psychology of language and communication,17(2):115-132.

MITCHELL R L C,ROSS E D,2013. Attitudinal prosody:what we know and directions for future study[J]. Neuroscience & biobehavioral reviews,37(3):471-479.

MO S,SU Y,CHAN R C K,et al. ,2008. Comprehension of metaphor and irony in schizophrenia during remission: the role of theory of mind and IQ[J]. Psychiatry research, 157(1-3):21-29.

MOGNON A, JOVICICH J, BRUZZONE L, et al., 2011. ADJUST: an automatic EEG artifact detector based on the joint use of spatial and temporal features [J]. Psychophysiology, 48(2):229-240.

NICHOLSON A, WHALEN J M, PEXMAN P M, 2013. Children's processing of emotion in ironic language[J]. Frontiers in psychology, 4: 691

NIEBUHR O, 2014. "A little more ironic": voice quality and segmental reduction differences between sarcastic and neutral utterances[J]. Dublin: 7th International Conference of Speech Prosody: 608-612.

ONTON J, WESTERFIELD M, TOWNSEND J, et al., 2006. Imaging human EEG dynamics using independent component analysis[J]. Neuroscience & biobehavioral reviews, 30(6):808-822.

PAULMANN S, JESSEN S, KOTZ S A, 2012. It's special the way you say it: an ERP investigation on the temporal dynamics of two types of prosody[J]. Neuropsychologia, 50(7):1609-1620.

PAULMANN S, KOTZ S A, 2008. An ERP investigation on the temporal dynamics of emotional prosody and emotional semantics in pseudo- and lexical- sentence context [J]. Brain and language, 105(1):59-69.

PAULMANN S, SCHMIDT P, PELL M D, et al., 2008. Rapid processing of emotional and voice information as evidenced by ERPs [J]. Proceedings of the 4th International Conference on Speech Prosody: 205-209.

PETERS S, ALMOR A, 2016. Creating the sound of sarcasm[J]. Journal of language and social psychology, 36(2):241-250.

PETERS S, WILSON K, BOITEAU T W, et al., 2016. Do you hear it now? A native advantage for sarcasm processing [J]. Bilingualism: language and cognition, 19 (2):400-414.

PEXMAN P M, 2008. It's Fascinating research: the cognition of verbal irony [J]. Current directions in psychological science, 17(4):286-290.

PEXMAN P M, OLINECK K M, 2002. Understanding irony: how do stereotypes cue speaker intent? [J]. Journal of language and social psychology,21(3):245-274.

PEXMAN P M, ZVAIGZNE M T, 2004. Does irony go better with friends? [J]. Metaphor and symbol, 19(2): 143-163.

RAKOV R, ROSENBERG A, 2013. "Sure, I did the right thing": a system for sarcasm detection in speech[C]. Lyon: Interspeech.

RAMOS F Y, 1998. Irony: context accessibility and processing effort [J]. Pragmalingistica(5):391-410.

RAO R,2013. Prosodic consequences of sarcasm versus sincerity in Mexican Spanish [J]. Concentric:studies in linguistics,39(2):33-59.

RAPP A M, MUTSCHLER D E, WILD B, et al. , 2010. Neural correlates of irony comprehension: the role of schizotypal personality traits[J]. Brain Lang, 113(1): 1-12.

REGEL S, 2009. The comprehension of figurative language: electrophysiological evidence on the processing of irony[D]. Leipzig:Max Planck Institute for Human Cognitive and Brain Sciences.

REGEL S,COULSON S,GUNTER T C,2010. The communicative style of a speaker can affect language comprehension? ERP evidence from the comprehension of irony [J]. Brain research,1311:121-135.

REGEL S,GUNTER T C,FRIEDERICI A D,2011. Isn't it ironic an electrophysiological exploration of figurative language processing [J]. Journal of cognitive neuroscience,23(2):277-293.

RIGOULOT S, FISH K, PELL M D, 2014. Neural correlates of inferring speaker sincerity from white lies: an event-related potential source localization study[J]. Brain research,1565: 48-62.

RIVIÈRE E,KLEIN M,CHAMPAGNE-LAVAU M,2018. Using context and prosody in irony understanding: variability amongst individuals[J]. Journal of pragmatics, 138:165-172.

ROCKWELL P, 2000. Lower, slower, louder: vocal cues of sarcasm[J]. Journal of psycholinguistic research,29(5):483-495.

ROCKWELL P,2001. Facial expression and sarcasm[J]. Perceptual and motor skills,

93(1):47-50.

ROCKWELL P, 2007. Vocal features of conversational sarcasm: a comparison of methods[J]. Journal of psycholinguistic research,36(5):361-369.

SCHAFFER R,1982. Are there consistent vocal clues for irony? [M]//MASEK C S, HENDRICK R A,MILLER M F. Parasession on language and behavior. Chicago: Chicago linguistic society:204-210.

SCHARRER L, CHRISTMANN U, 2011. Voice modulations in German ironic speech [J]. Language and speech,54(4):435-465.

SCHIRMER A, KOTZ S A, 2006. Beyond the right hemisphere: brain mechanisms mediating vocal emotional processing [J]. Trends in cognitive sciences, 10 (1):24-30.

SEARLE J R, 1979. Literal meaning [M]//SEARLE J R. Expression and meaning: studies in the theory of speech acts. Cambridge: Cambridge University Press: 117-136.

SHAMAY-TSOORY S G,TOMER R,AHARON-PERETZ J,2005. The neuroanatomical basis of understanding sarcasm and its relationship to social cognition [J]. Neuropsychology,19(3):288-300.

SHANY-UR T, POORZAND P, GROSSMAN S N, et al. , 2012. Comprehension of insincere communication in neurodegenerative disease: lies, sarcasm, and theory of mind[J]. Cortex,48(10):1329-1341.

SHAPLEY M, 1987. Prosodic variation and audience response[J]. IPrA papers in pragmatics, 1(2): 66-79.

SHIVELY R L,MENKE M R,MANZÓN-OMUNDSON S M,2008. Perception of irony by L2 learners of Spanish[J]. Issues in applied linguistics,16(2):101-132.

SIMONA A, BALCONI M, 2008. Understanding irony: an ERP analysis on the elaboration of acoustic ironic statements[J]. Neuropsychological trends,3:7-27.

SPOTORNO N,CHEYLUS A, VAN DER HENST J B, et al. ,2013. What's behind a P600? Integration operations during irony processing [J]. Plos one, 8 (6):e66839.

STOJANOVIĈ D,1991. Ironie und bedeutung[M]. Frankfurt/a. M:Peter Lang.

SUN X,2002. Pitch determination and voice quality analysis using subharmonic-to-harmonic ratio[J]. Orlando: International Conference on Acoustics, Speech and Signal Processing:333-336.

SUTTON S,BRAREN M,ZUBIN J,et al. ,1965. Evoked-potential correlates of stimulus uncertainty[J]. Science,150(3700):1187-1188.

TAGLIAMONTE S A,BAAYEN R H,2012. Models,forests,and trees of York English: was/were variation as a case study for statistical practice[J]. Language variation and change,24(2):135-178.

TANNEN D,1984. Conversational style: analyzing talk among friends[M]. New York: Ablex Publishing.

TEPPERMAN J,TRAUM D,NARAYANAN S,2006. "Yeah right": sarcasm recognition for spoken dialogue systems[J]. Pittsburgh, PA: 9th International Conference on Spoken Language Processing:1838-1842.

TSANAS A, LITTLE M A, FOX C, et al. ,2014. Objective automatic assessment of rehabilitative speech treatment in Parkinson's disease[J]. IEEE transactions on neural systems and rehabilitation engineering,22(1):181-190.

VAN BERKUM J J A,HOLLEMAN B,NIEUWLAND M,et al. ,2009. Right or wrong? [J]. Psychological science,20(9):1092-1099.

VAUGHAN H G,RITTER W,SIMSON R,1980. Topographic analysis of auditory event-related potentials[J]. Progress in brain research,54:279-285.

VOYER D, TECHENTIN C, 2010. Subjective auditory features of sarcasm [J]. Metaphor and symbol,25(4):227-242.

VOYER D,THIBODEAU S,DELONG B J,2016. Context,contrast,and tone of voice in auditory sarcasm perception[J]. Journal of psycholinguistic research,45(1):29-53.

VOYER D, VU J P, 2016. Using sarcasm to compliment: context, intonation, and the perception of statements with a negative literal meaning [J]. Journal of psycholinguistic research, 45(3): 615-624.

WAMBACQ I J A, JERGER J F,2004. Processing of affective prosody and lexical-semantics in spoken utterances as differentiated by event-related potentials[J]. Cognitive brain research,20(3):427-437.

WANG A T,2006. Neural basis of irony comprehension in children with autism:the role of prosody and context[J]. Brain,129(4):932-943.

WESTFALL J, MERTENS U, LENTH R, 2019. Analysis of factorial experiments[CP/OL]. https://github.com/singmann/afex.

WHALEN J M,PEXMAN P M,GILL A J,2009. "Should be fun—not!":incidence and marking of nonliteral language in E-mail[J]. Journal of language and social psychology,28(3):263-280.

WICKENS S,PERRY C,2015. What do you mean by that?! An electrophysiological study of emotional and attitudinal prosody[J]. Plos one,10(7):e0132947.

WILSON D,2013. Irony comprehension:a developmental perspective[J]. Journal of pragmatics,59:40-56.

WINNER E,LEEKAM S,1991. Distinguishing irony from deception:understanding the speaker's second-order intention[J]. British journal of developmental psychology,9(2):257-270.

WOODLAND J,VOYER D,2011. Context and intonation in the perception of sarcasm[J]. Metaphor and symbol,26(3):227-239.

YUS F,2016. Propositional attitude,affective attitude and irony comprehension[J]. Pragmatics & cognition,23(1):92-116.

陈建美,2009. 中文情感词汇本体的构建及其应用[D]. 大连:大连理工大学.

高晓璇,2014. 关于会话场合下反语的中日对比研究[D]. 苏州:苏州大学.

黄彬瑶,2015. 语境制约汉语反语认知加工的神经心理机制研究[D]. 杭州:浙江大学.

黄彬瑶,王小潞,2013. "其言非其意":反语认知的心理机制[J]. 心理科学进展(12):2118-2126.

李爱军,2005. 友好语音的声学分析[J]. 中国语文(5):418-431.

梁燕华,2013a. 会话与合作原则[M]//梁燕华. 语用与言语交际. 杭州:浙江大学出版社:66-89.

梁燕华,2013b. 语言的功能:言语行为[M]//梁燕华.语用与言语交际. 杭州:浙江大学出版社:101-109.

廖小根,姜孟,2019. "所言非所指":反语理解的脑机制及其影响因素[J]. 外语与翻译(1):1-8.

马利军,张积家,2010. 比喻性语言加工的脑机制[J]. 心理科学进展(9):1394-1402.

谭淑平,邹义壮,杨甫德,等,2010. 正常成人听觉诱发电位 P50 的年龄和性别差异[J]. 中国心理卫生杂志(10):762-766.

汪翠珠,2011. 注视对听觉感觉门控的影响[D]. 合肥:中国科学技术大学.

王红星,陈兴时,白培深,2002. 感觉门控 P50 在精神分裂症研究中的应用[J]. 中华精神科杂志(2):64-67.

王小潞,郭晓群,2016. 汉语非字面语言认知神经心理系统[J]. 浙江大学学报(人文社会科学版)(6):19-32.

王雪,岳二趁,2015. 反语的语用探析[J]. 文学教育(上)(3):115-117.

王月婷,杨满成,2019. Giora 的 Graded Salience Hypothesis 译名探讨[J]. 外语学刊(3):117-122.

熊子瑜,2019. xSegmenter:音段自动切分与标注工具[J]. 中国语音学报(1):27-34.

荀恩东,饶高琦,肖晓悦,等,2016. 大数据背景下 BCC 语料库的研制[J]. 语料库语言学(1):93-109.

张萌,2006. 汉语儿童反语理解的心理学研究[D]. 广州:华南师范大学.

张萌,张积家,2006. 语调在 6—10 岁儿童对不同类型反语认知中的作用[J]. 心理学报(2):197-206.

张珮琳. 关于中日间反讽使用的对比研究:以语用学为视角[D]. 吉林:东北财经大学,2017.

赵元任,1933. 汉语的字调跟语调[J]. 中研院史语所集刊(3):734-749.

郑志伟,2012. 情绪韵律调节情绪词识别的 ERP 研究[D]. 北京:首都师范大学.

郑志伟,黄贤军,张钦,2013. 情绪韵律调节情绪词识别的 ERP 研究[J]. 心理学报(4):427-437.

后 记

  初识语音学是在大二下学期。在偶然闯进了一场考研辅导机构的公开课后，我便产生了考研的想法，于是就在网上查找中国语言文学大类有哪些考研方向。那时我的"现代汉语"授课老师林卫青告诉我，语音学属于文科中的理科，具有一定的难度，我也因此对语音学产生了浓厚的兴趣。搜索考研相关信息时我发现南京师范大学竟然有语音学专业。在初步了解后，我便很快下定决心要考这个方向。于是我以初生牛犊不怕虎的心态给顾文涛教授发送电子邮件，表达了自己的考研意向。顾老师回信勉励我扎实学习、认真备考。决定考研方向后，我四处查找相关学习资料。在青岛大学的图书馆里，我竟然发现了 1989 年出版的由吴宗济、林茂灿先生主编的经典教材《实验语音学概要》，顿时觉得如获至宝。虽然有很多知识当时不甚了解，但我对其中的物理、声学和生理等内容产生了浓厚的兴趣。当时的我并不知这本书乃国内语音学最经典且难寻的教材，此时回想起来，我在青岛大学图书馆中偶然发现它，也算是冥冥之中的安排吧！

  2 年后，我幸运地考上了南京师范大学的硕士研究生。第一年的"语音学概论"由宋益丹老师授课。宋老师在课上会提供很多其他版本的教材让我们在课后阅读，诸如朱晓农老师的《语音学》、周同春老师的《汉语语音学》、Peter Ladefoged 的 *Phonetic Data Analysis*、Peter Ladefoged 和 Ian Maddieson 的 *The Sounds of the World's Languages* 等，我均认真拜读，并在每节课后都向宋老师请教遇到的问题。当时我还去汉语言文字学专业教室旁听宋老师的导师、方言学大家刘俐李教授的"语音学概论"。这些课程和图书，让我对语音学的基本框架有了初步了解。

  研究生第一个学期末，宋老师布置了期末作业，让非语音学专业的学生写一篇语音学研究综述，语音学专业的学生写一篇语音学实验论文。我便以此为契机，写了人生中第一篇语音学实验论文——《临沂（河东区）方言声调实验》。写完初稿后，我欣喜若狂地冲进顾老师的办公室，告诉老师我写了一篇论文。由于过于兴奋，冲进去时撞到了顾老师的办公桌。顾老师淡定地说："你把论文放这里，然后在隔壁办公室等一会儿吧。"顾老师当即就放下手中的工作,给我批改论文。两三个小时后,当我见到顾老师还给我满是红笔批注的修改稿后,我震惊万分。顾老师逐字修改,连标点符号都不放过,我第一次见识到原来修改论文竟能细致到这个地步。在多轮修改后,虽然论文依然有不令人满意的地方,但顾老师还是鼓励我投稿至第 11 届中国语音学学术会议,以便向国内其他学者请教。于此,我便有机会体验了第一次去新疆、第一次参加学术会议、第一次做小组发言。

第二个学期末,宋老师同样布置了作业。同时,刘俐李老师的"语音学概论"课程也接近尾声。我在刘老师课后休息时向她请教一些不解的疑惑。刘老师回答过后便开始给我出题,让我回答"语音学有哪些实验方法"。对于这个基础的问题,我当下竟然语塞,思考一会儿后,我回答说有韵律实验、轻声实验等,但没有逻辑,不成体系。于是,刘老师便按照塞音、塞擦音、擦音、元音、声调等顺序逐个给我讲解,这让我意识到自己对语音学的知识缺乏系统的了解。在教师休息室听的 30 多分钟,让我切身体会到"听君一席话,胜读十年书"的含义。当时刘老师启发我可以开展关于擦音或塞擦音的实验。回来后我翻阅文献,发现确实值得研究,于是便设计了塞擦音的声学实验,写成论文,送顾老师审阅。顾老师前前后后帮我修改了 30 多遍,历时 2 年,最终论文发表在《清华大学学报(自然科学版)》(2016 年第 11 期)上,总算没有辜负刘老师的启发和顾老师的指导。

在得到顾老师多次手把手的指导后,我便有了读博的想法。顾老师得知后,首先告诉我的是,读博不是一时头脑发热的决定,要经过深思熟虑,要有面临巨大压力和困难的心理准备。顾老师见我下定了决心,便让我准备以申请考核的形式申请他的博士生资格。经过面试选拔,我通过了学校考核,入选"学校发展计划",得以留在顾老师课题组继续学习。

读硕士的第一年,我着重学习语音学教材,而进入博士学习的第一年,我有意地改变了学习方法,着重研读高质量的英文论文。经过一年的积累,精读了 200 多篇前人论文后,我终于有了博士选题的灵感。博士开题报告没有经历过多曲折,一气呵成地顺利通过答辩,想来也是极其幸运的事。

博士第二年虽然不需要继续修读学分,但也是极其忙碌的。我先后面临博士中期考核、学校发展计划结项、博士开题答辩等多项考核,同时也在积极设计发表资格论文的实验。在博士第二年结束时,我写了 2 篇关于语速的论文,部分研究结果发表在第 13 届中国语音学学术会议上。后来,我将剩余的研究结果先后向 2 个国际期刊(*Speech Communication* 和 *The Journal of the Acoustical Society of America*)投稿,但均被拒稿。经历了惨烈的科研"滑铁卢"后,我无法按时毕业,只能延期 1 年,但是对此我并不后悔,毕竟没有被拒过稿的博士生涯是不完整的。

博士第三年,在博士论文主实验正式开始前,我开展了预实验。在预实验录音的过程中,我发现发音人在表达汉语的反语讽刺时有特殊的嗓音类型。于是我重新梳理文献,发现了这个现象的学术价值。然后我将这部分结果整理成文章,请顾老师审阅。由于当时我的英文写作水平有限,顾老师对我的英文论文逐字修改,以至于后期请英语母语者润色时,被英语母语者评论英文写作已经很好了,不需要进行过多润色。2018 年 10 月,荷兰乌得勒支大学(Utrecht University)的陈傲菊教授来访,我也正巧拜读了她刚刚发表于国际语音协会会刊 *Journal of the International Phonetic Association* 上的一篇关于反语的论文,于是便将我目前的发现向她请教。陈教授对这个结果表现出极大的兴趣,并鼓励我说:"非常期待你的结果可以发表出来。"一年后,在澳大利亚墨尔本参加第 19 届国际语音科学大会时,我再次偶遇陈教授,我向她请教论文返修中遇到的难题,陈教授细心解答,随后她又热心地把我引荐给国际上嗓音领域的权威专家,使我受益匪浅。在长达 2 年的撰写和反复修改后,研究结果最终发表于语音学领域的权威期刊 *Journal of Speech, Language, and Hearing Research*(2020 年第 8 期)上,这也算是对我继续开展研究的一种鼓舞。

其间,我启动了毕业论文主实验的准备工作。在经过多轮论证后,我的实验方案终于通过,于是我迅速地开展起来。我招募了 24 名发音人,对每名发音人进行长达 4 个小时的录音,持续 2 周后,录音采集工作顺利完成。但因长时间待在录音间盯着监控屏幕,我的颈椎疼了数月。录音完成后,因有 8000 多条音频文件需要处理,工作量巨大,我便请多名学弟、学妹协助录音文件的标注工作(协助标注的学弟、学妹有 2018 级硕士生汪怡波、刘寒蕊、钱佳璐、王晓庆,2017 级硕士生徐程炜、郭慧、尹孜卓,以及 2018 级博士生李焕哲等,再次向你们表示衷心的感谢)。标注前先由我统一培训音素边界的界定标准,然后交由各位学弟、学妹初步标注,最后再由我检查和最终标注。标注工作结束后,我又请 2017 级博士生范萍协助修改基频文件。这些前期的工作完成后,博士论文的第一个实验也便顺利完成了。

开展脑电实验需要借助语言科技研究所的神经认知实验与计算室,在得知研究所的实验室在上半年空闲较多、下半年空闲较少时,我赶紧趁空开展了脑电实验。在此,特别感谢南京师范大学外国语学院倪传斌教授和徐晓东老师提供了实验场所和脑电设备,使我顺利完成实验。在开展实验和处理数据时,我多次求教于当时在南京师范大学访学的加拿大麦吉尔大学(McGill University)的博士生 Max Wolpert,以及南京师范大学外国语学院的博士生戴好运、卞京和钟毓灵等,再次由衷地表示感谢! 当时2017级硕士生金迪还协助我开展了另一项脑电实验,对此也是十分感谢!

在开展行为听辨实验时,我发现现有场地不满足实验条件,需要更大的计算机机房。在了解到我这一难题后,顾老师积极帮我协调预约了外国语学院的语音实验机房(特别感谢外国语学院有关领导和顾晓梅老师的支持和帮助),使我可以在一天内完成60余人次的听辨实验。在开展实验时,我也拜托了2019级博士生许伟、2018级硕士生胡涵、2017级硕士生尹孜卓和2014级博士生刘磊等人来现场协助,在此也同样表示感谢!

至此,承蒙诸位师友的帮助,本人博士论文的声学、感知和脑电实验均得以顺利完成。在论文成稿后的修改阶段,顾老师对10多万字的论文进行了逐字修改,每个细节都不放过,从而让我发现了很多研究和写作中的不足。当时我因为疫情滞留在家,顾老师几乎每晚都会和我通过语音电话的形式讨论到凌晨3点。每次语音讨论后我回卧室睡觉了,顾老师还会继续修改至早上六七点,然后发给我修改意见。这期间顾老师还累倒了,不得不停下来休息两天。两天后顾老师又继续帮我修改。这种修改持续了近半个月,使我受益颇多,对此我感激涕零,无以言表!

论文修改期间,梁丹丹教授也给我发送了一份详尽的论文修改意见。课题组博士后王睿来老师持续一周,每天抽出1个多小时的时间给我提出修改意见。南京理工大学的汤平副教授帮忙修改了论文的英文摘要。我感觉自己非常幸运,能够遇到这么多善良的师友,他们在自己科研任务繁重的情况下还能对我提供这么多的帮助,感谢之情难以言表!

在南京师范大学走过的7年光阴,是我人生中最宝贵的7年。从3年的硕士生涯到4年的博士生涯,语言学系诸多恩师的教导,让我找到了可以奋斗一生的目标。尤其感谢导师顾文涛教授以及门内众多师兄弟和师妹的帮助,莫大的缘分让我们在同一个实验室度过数年,也祝愿你们各位都能心想事成、前程似锦。

同样,我十分感谢已经年迈的父母。二老虽然不懂我的专业,但对我做的所有事情,向来都是无条件地支持。他们时常打电话让我不要有压力,嘱咐我注意安全、保持健康。没有他们的支持,我绝对无法坚持完成学业。亲爱的爸妈,感谢这么多年的支持,辛苦了!

本书基于我的博士毕业论文修订而成。由于毕业后的工作十分繁忙,我未能立即着手出版事宜,直至工作的第四年,才挤出时间进行必要的修订。重新审视这篇论文时,我在南京师范大学攻读博士学位期间的记忆如潮水般涌来,那些场景仿佛就发生在昨天,清晰可见。为了让读者更好地理解本文的创作过程,以及我在攻读博士学位时的心路历程,我决定保留博士毕业论文中的"后记",将其作为本书后记的一部分。

我衷心地感谢我的导师顾文涛教授。顾老师严谨的治学精神与深厚的学术造诣,即便在我毕业后也持续对我产生深远影响。正是顾老师的悉心指导和一丝不苟的审阅,引领我步入学术研究的大门。跟随顾老师学习的 7 年,是我生命中一段宝贵且难忘的经历。

在此,我也要向南京师范大学的各位授课教师致以诚挚谢意,他们在我求学过程中始终耐心细致地为我解答疑问、提供指导。对于博士后王睿来老师以及所有同窗好友在实验设计与论文写作方面给予的无私支持,我再次表示深切感激。若无他们的协助,我的研究之路定会充满更多挑战。

此外,我要特别鸣谢南京理工大学外国语学院,它不仅为我营造了一个舒适宜人的工作氛围,还赋予我进一步发展的机会。本书的成功出版离不开学院领导与同事的支持与鼓励。

最后,我想对浙江工商大学出版社及其编辑团队表示由衷的感谢,正是他们的辛勤劳动促成了本书的顺利出版。

李善鹏

2024 年 10 月 4 日于南京